Manifeste
pour un revenu de développement

Les Impliqués Éditeur

Structure éditoriale récente fondée par L'Harmattan, Les Impliqués Éditeur a pour ambition de proposer au public des ouvrages de tous horizons, essentiellement dans les domaines des sciences humaines et de la création littéraire.

Déjà parus

Glandier (Gérard), *J'ai vécu longtemps*, 2019.

Lallement (Anne-Marie), *Pourquoi La Nouvelle-Orléans ? et autres nouvelles*, 2019.

Dhelvallée (Adrienne), *Les saisons intermédiaires*, 2019.

Maombi Mushi (Fabien), *L'économie de la République démocratique du Congo, Croissance ou recul ?*, 2019

Lallement (Anne-Marie), *Au Café sans nom. Un cahier rose pour Patti Smith*, 2019.

Sastre (Danièle), *Entre nous – 1996-1997. Les batailles du désir*, 2019.

Lagot (Daniel), *Un combat pour la paix, Récit, Nouvelle édition revue et augmentée*, 2019.

Dhoquois-Cohen (Régine), *Allons bon ! Le siècle de mon père. 1894 (Oran) – 1992 (Paris)*, 2018.

Viellevoye (Josée), *Sur les sentiers…*, 2018.

Boulaire (Danielle), *Impressions d'Ouzbékistan. Kaléidoscope*, 2018.

Les impliqués Éditeur

Ces dix derniers titres de ce secteur sont classés par ordre chronologique en commençant par le plus récent.
La liste complète des parutions, avec une courte présentation du contenu des ouvrages, peut être consultée sur le site :
www.lesimpliques.fr

Raoul DANAHO

MANIFESTE POUR UN REVENU DE DEVELOPPEMENT

Dispositifs pour une vie meilleure

Postface d'Edmond Jouve

Les impliqués Éditeur

21 bis, rue des écoles, 75005 Paris

www.lesimpliques.fr
contact@lesimpliques.fr

ISBN : 978-2-343-16095-5
EAN : 9782343160955

Le but de l'économie et de la politique est de se mettre au service de l'humanité, à commencer par les plus pauvres et les plus faibles, où qu'ils se trouvent y compris dans le ventre de leur mère.

Sa Sainteté François

Il n'est rien au monde d'aussi puissant qu'une idée dont l'heure est venue

Victor Hugo

REMERCIEMENTS

L'auteur remercie infiniment Thierry Sinda, vice-président de l'Association pour un revenu de développement et une vie meilleure (R.V.D.), journaliste et poète, pour l'inappréciable concours qu'à tous instants il n'a cessé de lui apporter, notamment pour la préparation du présent ouvrage.

En guise d'introduction

Très protecteur, le modèle de protection sociale français, envié ou décrié par les autres pays développés, est unique au monde : il dispose d'un ensemble de mesures où il existe finalement peu de cas où les citoyens n'ont droit à aucun revenu.

Mais en dépit du fait qu'un tel niveau de transferts, pour que toute personne bénéficiaire puisse faire face financièrement à des situations parfois douloureuses, se situe à plus du tiers de la richesse (750 milliards d'euros, voire 792 milliards, selon les estimations), le taux de pauvreté reste malgré tout trop élevé en France (14,2% de la population).

Il convient donc d'avoir bien présent à l'esprit qu'on ne sortira malheureusement ni de la crise qui sévit ni de la pauvreté qui s'abat sur le pays par des solutions politiques classiques. Le cap pour la France ne peut être que la modernisation à marche forcée d'une puissance condamnée à la mutation, sous peine de péricliter.

Aussi, alors que le brillant et regretté économiste Jacques Marseille observe que la France serait « le pays où le sentiment d'insécurité est le plus élevé », certains, devant la frappante carence ou insuffisance du système national d'assistance et l'impasse économique dans laquelle se trouve notre pays, proclament que « nous ne sommes pas ruinés », mais « mal gérés », et réclament de véritables réformes structurelles pour répondre aux enjeux.

Or, dans le souci de défendre une vision élargie en même temps que le quotidien de la vie de tous les jours, c'est bien **à de véritables éléments de réformes structurelles** que vise le modèle que nous nous assumons de proposer tant aux pouvoirs publics qu'à l'ensemble de nos compatriotes de toutes tendances. Vu l'urgence des politiques à prendre et à mettre en oeuvre dans le cadre du nouveau mandat présidentiel, **nous n'en présentons ici qu'une approche abrégée,** dans l'attente de l'ouvrage de fond que nous lui consacrons depuis au moins une quinzaine d'années et que nous espérons pouvoir bientôt publier.

Le problème crucial auquel se trouve confrontée la France, comme la plupart des pays développés, on ne saurait mieux le formuler que le grand économiste disparu, Yoland Bresson : « Pourquoi, dans ces temps où nous sommes chaque année collectivement plus riches, le chômage continue-t-il à conduire à l'exclusion et à la pauvreté, obligeant nombre d'entre nous à poursuivre la quête d'une impossible réinsertion dans la communauté sociale ? (…) Comment distribuer les richesses de manière, à la fois, plus efficace et plus équitable ? Comment ne pas brider l'initiative, la liberté de créer et d'agir de chacun, tout en évitant que le libéralisme triomphant produise des effets dévastateurs pour l'homme ? Comment lier effectivement liberté et solidarité ? »

Or, s'inscrivant au-delà de la démarche classique des remèdes à apporter au paupérisme et en rupture avec l'assistanat, notre modèle **est, pour le moins, loin de se limiter à l'application stricte d'un devoir d'assistance à la charge de l'Etat providence** au seul bénéfice des personnes les plus démunies dont le nombre ne cesse de s'accroître et dont il convient d'assurer dans des conditions décentes la survie.

Chapitre I

Le revenu de développement et ses trois dispositifs d'accompagnement

S'appuyant sur un système fiscal rénové et s'inscrivant dans la logique des principes constitutionnels - notamment la Constitution de 1946, qui proclame dans son préambule, repris par la Constitution de 1958, que "la Nation assure à l'individu et à la famille les conditions nécessaires à leur développement" -, le modèle que nous proposons, sous l'appellation *Pour une vie meilleure au XXIe siècle,* se décline en un ensemble cohérent de quatre dispositifs s'interpénétrant et s'épaulant mutuellement : l'instauration d'un revenu de développement, **incorporé à une refonte en profondeur du système fiscal et budgétaire**, l'enrôlement dans un service civique pour tous, l'accès généralisé au micro-médit et le recours intensifié aux maisons familiales rurales.

A) **Un revenu de développement incorporé à un système fiscal profondément rénové**

Un point essentiel à souligner, c'est qu'à la base de notre modèle**,** et en synergie avec les trois autres dispositifs qui l'accompagnent, **se situe le revenu de développement, qui, incorporé à un système fiscal et budgétaire entièrement**

rénové, entraînant la participation de tous les citoyens, formerait avec lui un tout indissociable.

1 - Un revenu de développement pour tous de la naissance à la mort

Se trouvant **prédéfini par les principes fondamentaux reconnus par les lois de la République** et dispositif central de notre modèle, le concept de revenu de développement se définit comme : ***Un revenu de base alloué sans condition par une communauté politique à chacun de ses membres, en tant que personne humaine, afin de lui permettre de se développer et s'épanouir dans la dignité tout au long de la vie, de la naissance à la mort".***

Il reprend une vieille idée - celle de verser à tous les citoyens un revenu primaire sans la contrainte du travail – qui, remontant à la Renaissance, en particulier chez l'humaniste et homme politique anglais, dans son fameux ouvrage intitulé *Utopia*, a jusqu'à nos jours, fait, au plan universel, son chemin sous les vocables les plus variés (revenu garanti, dividende territorial, allocation universelle, revenu d'existence, revenu citoyen (ou de citoyenneté), revenu de base, revenu de vie, dividende social, dividende universel…) et pour des motifs non moins divers.

En effet, si l'idée a, au plan universel, bénéficié au fil du temps « de l'appui d'étranges coalitions », elle a, en revanche, « suscité de féroces oppositions à droite comme à gauche ».

A l'appui de leur crainte principale, selon laquelle avec un revenu de base, du type du « revenu de développement », plus personne ne voudrait travailler, les adversaires du dispositif font notamment valoir que sans la pression de devoir travailler pour vivre, l'incitation à travailler disparaîtrait, et donc avec elle, les revenus nécessaires pour financer le revenu de base

Or il se trouve que, comme il a été observé, le revenu garanti, sans la contrainte du travail, est **"l'une des rares utopies" ayant fait l'objet d'expérimentation et à être ainsi testée.**

En effet, des expériences effectuées dans divers pays (Canada, Etats-Unis, Inde...) ont montré que, loin de constituer une exhortation à l'inactivité et à l'égoïsme, l'introduction d'une prestation apparentée au revenu de développement ne provoquait dans l'ensemble que des conséquences plutôt positives. C'est ainsi que pour prendre l'exemple d'une expérience menée à l'échelle du petit village d'Otjivero, en Namibie, en Afrique australe, il est apparu qu'au bout de quelques mois d'expérimentation, la criminalité a baissé, la sécurité alimentaire de la population a augmenté, l'absentéisme à l'école a diminué, des micro-entreprises se sont mises en place qui revitalisent le tissu économique et social du village où le chômage a également diminué.

Au demeurant, la philosophie profonde sur laquelle repose notre modèle est que "l'être humain est la véritable richesse d'un pays et que la création de richesses ne se réduit pas à l'échange monétaire."

S'inspirant plus concrètement de l'idée qu'au lieu de contraindre les individus, dont, faute de motivation, l'efficacité laisserait d'ailleurs toujours à désirer, à rechercher souvent vainement un emploi rémunéré dont la raréfaction est inexorable du fait de l'automatisation de la production, la dématérialisation croissante des économies développées et la mondialisation, il serait **plus réaliste et pragmatique en même temps qu'éminemment plus humain de donner, sans la contrainte du travail, à l'ensemble des individus résidant sur un territoire des moyens convenables d'existence.**

Par ailleurs, face au développement des nouvelles technologies qui ne va pas modifier le cours des choses, certains, qui soulignent qu'aux trente Glorieuses la plupart des femmes étaient au foyer, font valoir que le plein emploi n'a jamais existé et n'existera jamais.

Quoi qu'il en soit, alors qu'au moins huit titulaires du prix Nobel d'économie sont connus pour l'avoir soutenu, on constate que le revenu garant, sans la contrainte du travail, refait surface dans plusieurs pays non seulement comme une réponse à la pauvreté et au chômage de masse, **mais aussi comme philosophie de vie.**

En tout cas, on peut se demander si **le RMI, le RSA, la prime pour l'emploi, puis la prime d'activité, qui, par voie d'avancées sociales successives, ont été instaurés** en vue notamment de permettre de mieux en mieux aux actifs les plus modestes de ne pas voir leur revenu stagner, voire diminuer, quand ils reprennent une activité, ne constituent-ils pas déjà en France comme **autant d'ébauches, d'amorces de plus en plus poussées vers le revenu de développement** ?

Aussi, ne pouvons-nous que partager le point de vue de nombre de partisans de revenus apparentés au revenu de développement **qui, observant le déroulement de ce processus au fil des ans,** en sont venus à considérer que, **d'évolution en évolution, on finira ainsi par inéluctablement déboucher sur l'attribution, sans condition, à tout Français, d'un revenu de base,** cumulable avec tout autre type de revenu.

C'est un fait que, tandis qu'en Inde, au Canada, aux Pays-Bas ou en Finlande, des initiatives ont été ou vont être prises pour l'instaurer, en France, où revenu en force lors de la campagne présidentielle de 2017, le débat sur le revenu de base inconditionnel semble donc plus que désormais ouvert. Soutenue par des ONG engagées dans la lutte contre la pauvreté, comme Emmaüs ou ATD Quart Monde, l'idée y est en effet portée par un large mouvement intellectuel (réunissant à la fois théorie néolibérale et penseurs de gauche) que relayent les personnalités politiques et les médias.

Sous le terme de « revenu de citoyenneté », nous avons nous-mêmes, avec notre coauteur, Henri Plagnol, repris l'idée dans notre essai *Une stratégie globale pour une pleine occupation – Prolégomènes à une économie citoyenne,* paru en 2002, où nous plaidons pour une stratégie pragmatique visant à assurer une occupation à chacun.

Aussi, ne pouvons-nous que nous féliciter de la marche en avant qui semble plus que jamais inévitable vers la mise en place du type de prestation que nous appelons revenu de développement, de sorte que, pour reprendre un mot de l'économiste Baptiste Mylondo, la principale composante de notre modèle soit désormais devenue une "**utopie réaliste »** ou « **en passe de devenir une réalité ».**

Quoi qu'il en soit, on ne peut manquer de relever diverses initiatives s'orientant concrètement vers son instauration. C'est ainsi qu'alors que le Conseil départemental de la Gironde a décidé de mettre en place en 2018 une expérimentation de « revenu de subsistance universel », une association, qui ne dépend d'aucune formation politique (**l'association Mon revenu de base**), créée à l'initiative de Julien Bayou, conseiller régional d'Ile de France et porte parole d'Europe écologie-Les Verts (EELV), s'est récemment impliquée dans une démarche à l'exemple d'expérimentations originales, qui se déroulent depuis quelque temps en Suisse et en Allemagne, où des associations prônant l'introduction d'un « revenu de base universel » ont décidé, pour faire valoir leur proposition, de recueillir des fonds auprès des citoyens pour financer elles-mêmes ce revenu. Elle a lancé en effet une opération de crow funding ("financement partipatif") pour récolter des fonds et verser 1 000 euros par mois pendant un an à au moins une personne tirée au sort.

La Française des Jeux s'est aussi lancée dans une démarche analogue, en créant, en avril 2017, le jeu « **10 ANS GAGNANTS** » où l'on peut, en achetant un ticket de 5 euros, gagner jusqu'à 100 000 euros immédiatement **+ 2 000 euros par mois pendant 10 ans.**

A côté de son financement, l'un des principaux problèmes que pose une allocation dans la ligne du revenu du développement, dont nous avons évoqué quelques unes des justifications (**à la liste fort longue qu'on ne pourrait reprendre ici**) et des diverses initiatives et expérimentations dont elle est ou a été l'objet en France ou dans le monde, **c'est de savoir à quel niveau elle doit se situer**.

A ce sujet, un internaute, face aux multiples options de financement proposées par les experts à ce jour, exprime ainsi sa crainte que ce niveau n'atteigne au mieux que 700 euros : "Avec çà, je paie mon loyer et charges associées, je mange à ma faim, mais je n'aurais pas de quoi payer l'essence ou les transports pour participer à la vie sociale de mon pays".

Aussi, le but du revenu de développement, qui n'est nullement d'éradiquer les catégories les plus fortunées, mais bien celui à la fois de ne pas laisser les gens dans la misère, en couvrant notamment les besoins primaires, comme se nourrir, s'habiller, se loger, se chauffer..., et d'assurer la dignité, en renforçant les liens humains et en permettant à chacun de contribuer activement à la vie de la communauté.

Or, en France comme dans l'Union européenne, l'outil de mesure de la pauvreté est le seuil de pauvreté qui, depuis 2008, se situe à 60% du revenu médian national (lequel partage la population en deux, la première gagnant moins, la seconde davantage). Ce seuil au-dessous duquel on est considéré comme pauvre, est actuellement, selon l'Insee, de l'ordre de 1000 euros par mois et par personne adulte.

Assez proche en ce qui nous concerne, de la plupart des tenants du revenu à vie qui estiment qu'il devrait être au moins équivalent au seuil de pauvreté, mais aussi partisan irrésistiblement convaincu de l'abolition à l'échelle nationale de la pauvreté, tout au moins au sens statistique (et monétaire) du terme, nous avons jugé approprié et équitable autant que rationnel, que le revenu de développement soit porté à un niveau légèrement supérieur au seuil de pauvreté **par une majoration le fixant à 65% du revenu médian.** Modulé sur deux paliers en fonction de l'âge et versé sur un compte bancaire nominatif, il correspondrait, dans le contexte actuel, à **une prestation mensuelle de 1080 euros pour chaque Français âgé de 16 ans et plus et, de la moitié, soit 540 euros, pour les plus jeunes de la naissance à 16 ans.**

Cet âge de 16 ans, plutôt que celui de la majorité, a été retenu comme celui à partir duquel l'individu perçoit le revenu de développement à son niveau le plus élevé afin notamment de répondre à la revendication ancienne d'**« allocation d'autonomie pour les 16-25 ans »** que formulent des syndicats d'étudiants, qui dénoncent l'insuffisance des bourses universitaires qu'à l'instar d'autres transferts sociaux, le revenu de développement est précisément appelé à remplacer.

A cet égard, il convient de préciser qu'alors que les résultats des nombreuses prestations aujourd'hui versées par l'Etat-providence ne sont pas à la hauteur des sommes dépensées et peinent à répondre aux situations de pauvreté, **elles seraient pour la plupart relayées par le revenu de développement.**

Se trouveraient ainsi supprimés les aides liées à la politique de la famille (allocations familiales, allocation de rentrée scolaire...) en dehors du quotient familial (qui serait maintenu), les bourses d'études ordinaires, le minimum vieillesse, l'allocation d'aide au retour à l'emploi, la prime de Noël, **les minima sociaux (dont, selon les calculs, en 2014, de la Cour des comptes, le coût annuel serait, à lui-seul, de 24,8 milliards d'euros, hors coût de gestion et dépenses d'accompagnement),** ainsi que les politiques de subvention à l'emploi que le revenu de développement rendrait obsolètes...

Il y a lieu de noter qu'en ce qui concerne le revenu de développement des enfants, qui se substituerait donc, en les excédant largement, aux allocations familiales, les parents pourraient y puiser à hauteur d'une fraction fixée par le législateur, les deux tiers, par exemple, pour les jeunes de moins de 16 ans et le tiers pour les autres n'ayant pas atteint la majorité.

En revanche, ne sont remplacées par le revenu de développement ni les prestations de santé ou de logement qui doivent rester personnalisées, ni les prestations contributives à couvrir par des cotisations préalables de la part des bénéficiaires (pensions de retraite, allocations chômage).

Par opposition à toutes les formes d'aide qui sont aujourd'hui versées aux personnes dans le besoin, le revenu de développement ne serait donc subordonné à aucune des conditions qui leur sont associées, soit la prise en compte de la situation familiale, le contrôle des ressources ou la disposition à travailler. Aussi, parmi les fort multiples justifications que l'on avance en sa faveur et qu'il serait bien trop long de reprendre ici, **on peut notamment retenir qu'il ne constitue pas une simple mesure de protection sociale,**

mais un moyen équitable et légitime de redistribuer dès la naissance à tous une part de la richesse nationale.

En effet, la richesse créée n'est pas seulement le fruit de ceux qui travaillent, mais aussi de tout l'environnement qui entoure et encadre leurs activités (progrès scientifique, infrastructure technique, innovations technologiques, capital culturel…) et dont nous avons hérité de ceux qui nous ont précédés. Rien de plus normal dans ces conditions qu'une part des revenus individuels issus de la société, et non uniquement des talents de chacun, soit redistribuée à l'ensemble des membres d'une même société.

Reconnaissant ainsi à chaque citoyen le droit à une quote-part sur la production sociale**, le revenu de développement ne procéderait donc aucunement de la charité, ni même de la solidarité sur laquelle se fonde le modèle social actuel, mais seulement de la justice.**

Il serait en conséquence, loin de l'assistanat, un dû qui reviendrait à tout le monde.

Ainsi, calculé sur les ressources du pays - et évoluant avec elles –, et attribué par l'Etat sur une base individuelle et de façon inconditionnelle, **incessible et insaisissable, exempt d'imposition, le revenu de développement est entièrement cumulable avec tout autre revenu,** salarié ou non.

Quel serait le coût global annuel du revenu de développement ?

Nous basant sur les données démographiques de l'Insee, fixant la population totale, présentée par sexe et âge au 1er janvier 2016 en France, nous avons tenté de l'évaluer pour 66 millions de Français (13 millions âgés de moins de 16 ans et 53 millions, de 16 ans et plus). **Il s'établirait à quelque 771 milliards d'euros (35,35% du PIB).**

Mais ce montant élevé, on ne saurait toutefois le considérer sans tout d'abord tenir compte qu'il s'agit là de ce que l'économiste Jean-Marc Ferry nomme le "coût brut apparent" qu'il convient de distinguer du "coût net financier" qui lui serait bien inférieur. Et ce, en raison des fortes économies automatiquement induites par l'instauration du revenu de développement venant se substituer à nombre de prestations ciblées.

Le "coût net financier" serait de fait encore d'autant moins important si à ces économies on ajoute celles résultant de la suppression de nombreux postes de cadres et d'agents ayant la charge des processus de gestion et de contrôle et aussi de toutes les sommes allouées dans le cadre des diverses politiques de subvention à l'emploi. « A cela, note encore Jean-Marc Ferry, il conviendrait d'ajouter des économies probables mais malaisément chiffrables », comme « la réduction des coûts sociaux induits par le chômage (sous nos latitudes, l'Allocation universelle réduirait le chômage, en « flexibilisant » l'emploi), la pathologie liée à la pauvreté, ainsi que la délinquance ».

En second lieu, confronté à ce "coût net financier" qui demeurerait malgré tout élevé, il aurait lieu de ne pas négliger les effets fortement redistributifs du nouveau système. Contrairement, soulignent certains, aux "cadeaux fiscaux" qui alimentent l'épargne des couches aisées, les sommes ainsi versées au titre du revenu de développement reviendraient immédiatement en grande partie dans l'économie de proximité et dans les caisses de l'Etat par hausse, comme on le verra ci-dessous, des recettes de l'impôt sur le revenu, de la TVA, de l'impôt sur le patrimoine...

Au fond, il donne pour reprendre aussi vite, mais en fournissant à tous la garantie que quoi qu'il arrive, chacun disposera d'un filet de sécurité pour faire face aux aléas de la vie, et, tandis que, selon nombre d'études, la robotisation et la révolution numérique tendent de plus en plus à remplacer le travail humain, il construira aussi ses projets sans le souci de l'emploi qui disparaît.

Enfin, il semble bien que lorsque le Conseil national de la résistance a proposé de créer la Sécurité sociale au sortir de la guerre, **il se trouve qu'il invitait à créer un système qui allait très vite correspondre à 100% du PIB de l'époque.** Quel que soit l'ampleur du coût, le revenu de développement, comme on s'attachera à le montrer, ne devrait pas vraiment poser de problème pour son financement **et relèverait donc essentiellement de la volonté politique.**

2 - Un financement viable fondé sur un système fiscal et budgétaire entièrement rénové

Ce qui ne saurait cependant échapper, c'est que, sans la refonte en profondeur du système fiscal et budgétaire à laquelle il serait incorporé, l'introduction du revenu de développement ne se révélerait guère possible, tandis que sans cette incorporation, une telle réforme du régime fiscal, dont, pour divers motifs, la nécessité, de par elle-même, de toute manière, pourtant s'impose, ne pourrait aboutir. En tout cas, il apparaît qu'en l'état, les deux opérations ne pourraient se dissocier.

En effet, alors que, d'un côté, on aperçoit que derrière l'argument de « **formidable prime d'encouragement à la paresse** » **et à l'oisiveté, puisque, permettant de vivre sans travailler, plus personne ne voudrait désormais travailler** - démenti, comme on a vu, par de multiples expérimentations effectuées un peu partout de par le monde

-, c'est la faisabilité économique et le coût volontiers qualifié de "vertigineux" ou "pharaonique" qui retiennent le plus souvent le scepticisme ou l'opposition des adversaires aux revenus déconnectés du travail, comme le revenu de développement. De l'autre, il se trouve que tandis que personne ne conteste l'urgence d'une profonde réforme de la fiscalité, l'orientation à lui imprimer ne prête pas moins à de vives polémiques, portant, pour l'essentiel, sur la place de l'impôt sur le revenu, considéré comme le "symbole du ras-le bol fiscal français".

Alors que demander aux Français des sacrifices sans perspectives pour le futur, ce n'est pas supportable, il ne serait que fort à craindre que si indispensable soit-elle, une refonte recherchée d'une telle ampleur du système fiscal se révèle en définitive impossible. Or, elle aurait sans doute des chances sérieuses de réussite avec le motif de compensation des efforts demandés que représenterait le revenu de développement qui lui serait incorporé, cette allocation étant exempte d'imposition et entièrement cumulable avec tout autre revenu, salarié ou non. Aussi, pour reprendre une expression de l'économiste Marc de Basquiat, notamment président de l'Association pour l'instauration d'un revenu d'existence, **le revenu de développement** pè**serait en tant que "socle d'une révolution fiscale nécessaire".**

Cette refonte du système fiscal à laquelle serait incorporé le revenu de développement s'effectuerait sur la base de principes de justice, d'équité et de solidarité dont nous avons présenté l'approche préliminaire sur notre site www.lerevenudedeveloppement, nous en développerons et préciserons plus largement les contours dans l'ouvrage de fond à paraître prochainement sur l'ensemble de notre modèle. Dans cette attente, nous allons brièvement en exposer ici les grandes lignes.

En premier lieu, il devrait tout d'abord, dans le nouveau système, s'établir une distinction fondamentale entre les prestations qui procèdent d'une logique de justice ou de solidarité, dont le financement est à assurer par la fiscalité et celles, contributives, relevant de l'assurance, dont le financement est à couvrir par des cotisations préalables de la part des bénéficiaires.

En second lieu, alors que les ressources de la protection sociale en France sont aujourd'hui essentiellement constituées de cotisations employeurs et de prélèvements sur les salariés, il ne fait aucun doute qu'il ne serait pas possible d'assurer même partiellement le financement du revenu de développement par simple transfert à celui de l'Etat des budgets actuels dédiés aux différentes aides et allocations qu'il serait appelé à remplacer.

Aussi, relevant, comme on l'a vu, de la seule justice en tant que quote-part de l'intégralité de la richesse produite dans le pays, **il devrait, comme la plupart des autres dépenses publiques, et selon ce que certains appellent le principe de non affectation des ressources aux dépenses, voir son financement entièrement pris en charge par le budget général de l'Etat, alimenté par des recettes variées** (impôts directs et indirects, profits des entreprises publiques, etc.), et non par les collectivités territoriales ou un impôt spécifique qui lui serait alloué.

En troisième lieu, les prestations liées à "la protection de la santé" que garantit formellement la Constitution et les aides au logement, dont, le droit, qui découle également de la Constitution, est notamment réaffirmé par la loi du 5 mars 2007 sur le Droit au logement opposable (DALO), relèvent, quant à elles, de la solidarité. Leur financement devrait donc en principe, lui aussi, entièrement incomber au budget général de l'Etat. Ces prestations pourront toutefois, comme de nos jours, bénéficier d'impôts ou taxes spécifiques.

En quatrième lieu, il ne peut qu'apparaître logique et équitable que le financement des prestations qui procèdent d'une logique de justice ou de solidarité ne soit pas surtout assuré, comme actuellement, par des cotisations aux trois quarts assises sur le travail, mais appelé à reposer sur l'ensemble des revenus de toutes sortes, donc sur la fiscalité. **Aussi, nul ne serait exempt de l'impôt sur le revenu des personnes physiques dont il devrait, à l'exception du revenu de développement, qui n'est assujetti à aucune imposition, s'acquitter à partir du premier euro gagné,** en tenant équitablement compte de la situation des plus riches et des plus démunis.

En cinquième lieu, **cet impôt sur le revenu serait progressif,** avec suppression de toutes les niches fiscales, sauf celles tenant compte de la situation particulière de certains contribuables.

Sans toutefois céder à la tentation de croire pouvoir mener une politique de relance en comptant pour renflouer les caisses de l'Etat sur l'alourdissement excessif de la fiscalité pesant sur les créateurs de richesse, la réforme comprendrait donc, pour les catégories les plus fortunées, la présence de tranches à taux fortement progressif (sans taux supérieur à 66,66% que le Conseil d'Etat a jugé confiscatoire), ce qui irait d'ailleurs dans le sens des déclarations de certains grands patrons français qui, à l'exemple de milliardaires américains ayant décidé de réclamer une augmentation de leurs impôts, ont demandé à être plus fortement taxés.

Ainsi, il se trouve que proportionnellement à leurs revenus, grâce au système des tranches, les riches paieraient beaucoup plus que les pauvres. Ce que l'expert du "revenu universel d'existence, l'économiste Marc de Basquiat, assimile plaisamment aux pratiques de Robin des bois, le légendaire héros et bandit saxon au grand coeur. "La redistribution, avance-t-il, implique non seulement de donner à ceux qui en ont besoin, mais aussi de prendre à ceux qui en ont le plus".

En sixième lieu, il serait encore, pour des raisons éminemment justes et équitables, également ponctionné à la fois les profits tout comme les salaires pour financer le revenu de développement et les autres charges de l'Etat, sauf dispositions spéciales destinées à encourager l'investissement et l'emploi, ce qui, avec le financement des biens publics et la réduction des inégalités, entre dans le cadre des trois fonctions que doit assumer le système fiscal.

En septième lieu, il ne devrait être directement prélevé sur la rémunération des salariés que les seules assurances qui leur sont spécifiques (assurance-chômage, assurance-vieillesse et accidents du travail), leur permettant d'accumuler des droits à la retraite et au chômage ; quant à la part du financement des mêmes assurances incombant aux employeurs, afin de ne pas, d'une part, pénaliser les entreprises de main d'oeuvre (et éventuellement les inciter à contracter le plus possible les salaires) et pour soutenir l'emploi, et d'autre part, pour accroître la compétitivité des entreprises par diminution de leur coût de production lié au travail, elle serait supportée par le chiffre d'affaires des entreprises (que certains proposent de fixer à 7,5%), déduction faite de leur masse salariale.

Ainsi, le soutien au travail, au lieu de se concentrer, comme actuellement, sur le travail non qualifié, passerait dans ces conditions par un soutien à tous les salaires du secteur productif, y compris les plus élevés.

En huitième lieu, en plus de l'octroi du revenu de développement aux enfants (dans lequel les parents pourraient y puiser à hauteur d'une fraction fixée par le législateur), qui remplacerait, en les excédant largement, les allocations familiales, lesquelles seraient supprimées, la famille continuerait à être soutenue **par le maintien sans plafonnement du quotient familial,** venant réduire la charge de l'impôt sur le revenu.

En neuvième lieu, alors que, selon les experts de l'Insee, il apparaît que le phénomène de l'appauvrissement ne cesse de s'approfondir chez les classes les plus modestes, les inégalités tendent de plus en plus à s'accroître, de sorte que la moitié de la population française posséderait moins de 5% du patrimoine national, il ne se révélerait qu'équitable que le patrimoine immobilier, comme financier, des ménages et des entreprises soit davantage imposé.

Cependant si cet accroissement de l'impôt sur le patrimoine aurait ainsi l'avantage de mieux porter sur la richesse accumulée qui serait encore bien plus inégalitaire que les revenus, son prélèvement supposerait de tenir compte de ceux qui disposent de patrimoine mais avec peu de liquidités comme les propriétaires pauvres. Il devrait également s'accompagner d'une réflexion sur les résidences principales.

Enfin, nous pensons que rien n'empêche de puiser, le cas échéant, dans l'arsenal des approches de financement qui sont lancées par les adeptes du revenu inconditionnel garant, des pistes, telles que :

- la TVA renforcée (ou taxe) sur les produits de luxe ;
- la taxe sur les transactions financières ou taxe Tobin (qui permettrait de prélever une commission minime, de 0,1% par

exemple, sur chaque échange d'actions ou de produits dérivés, afin de limiter la spéculation) ;

- la lutte contre l'évasion et l'optimisation fiscales (qui entraîneraient un manque à gagner de l'ordre de 60 à 80 milliards d'euros) ;
- voire des prélèvements de cotisations sur les robots qui remplacent les emplois peu qualifiés dans le cadre de la révolution numérique.

Ainsi, avec l'instauration du revenu de développement incorporé à un système fiscal profondément rénové que réclame l'opinion, les objectifs que poursuit notre approche sont donc notamment la mise en place d'une structure fiscale plus juste et plus distributive, l'absence de pénalisation des entreprises de main-d'œuvre, le soutien en général de l'emploi (non réduit à l'emploi salarié) et l'accroissement de la compétitivité des entreprises par suppression de leur coût de production lié au travail.

Par ailleurs, comme l'y oblige la loi, le gouvernement est tenu de préparer le budget de l'Etat en le présentant par mission, c'est-à-dire classé par objectifs de politiques publiques (il y en avait 31 dans le budget de 2016), une mission pouvant être ministérielle ou interministérielle . C'est aussi que, dans l'Aide publique au développement, par exemple, le ministère des Affaires étrangères et celui des Finances sont concernés.

Or, on a vu que **le revenu de développement ne doit pas se situer au simple rang d'un dispositif de la protection sociale.** Son but étant de redistribuer, à part égale à chacun, une partie légitime de la richesse créée par la collectivité et venant pour une grande part de ceux qui nous ont précédés, nous pouvons, **de même que la Culture, la**

Défense, l'Economie ou la Justice, par exemple, le considérer comme une mission, venant s'inscrire au sein du budget général de l'Etat, en tant que nouvel engagement obligatoire analogue notamment aux fonctions régaliennes.

Bien qu'il intéresse l'ensemble des départements ministériels, mais compte tenu qu'il forme avec le nouveau système fiscal un tout indissociable, il apparaît logique qu'à l'inverse des prestations liées à la santé et au logement qui demeurent respectivement rattachées au ministère de la Santé et à celui en charge du Logement, il soit, lui-même, rattaché aux ministères en charge de l'Economie et des Finances.

Le revenu de développement - dont, nous basant sur les normes de l'Union européenne et de l'Insee, nous avons, dans le contexte actuel, estimé le coût annuel à un montant global approximatif de 771 milliards d'euros -, **figurant en propre au nombre des missions du budget général de l'Etat,** on pourrait pour la mise en place du nouveau système envisager le scénario suivant.

Après avoir, compte tenu des prestations et politiques que le revenu de développement pourrait remplacer, évalué mission par mission, les sommes qu'on estimerait souhaitables de leur consacrer, il restera à calculer sur les bases et principes que nous prônons le montant des recettes fiscales à prévoir pour couvrir l'ensemble des dépenses du budget général de l'Etat, ainsi que celles des dépenses afférentes aux autres budgets (budgets annexes, comptes d'affectation spéciale...).

A ce sujet, on peut noter qu'alors que les pistes de financement sont fort multiples (impôt sur le revenu, sur la consommation, sur les bénéfices, sur le patrimoine, fiscalité écologique, etc), il suffira de faire varier en fonction des besoins le cursus des différentes taxations.

En tout état de cause, le nouveau système fiscal incorporant **le revenu de développement devrait, selon nous, fonctionner de manière viable, voire, en définitive, rapporter plus qu'il ne coûte à l'Etat.**

En effet, il serait à la source d'un quadruple phénomène :

- une augmentation substantielle des recettes fiscales qui résulterait du financement **sur des assiettes beaucoup plus larges** du modèle social (imposition au premier euro gagné, prélèvements plus poussés sur le patrimoine...) ;
- des économies fort importantes qui dériveraient de la suppression de nombreuses aides et assurances sociales (et de leurs coûts de fonctionnement) que remplacerait le revenu de développement ;
- de considérables surcroîts de recettes résultant de la TVA sur la consommation supplémentaire des ménages, grâce au soutien du pouvoir d'achat et aux nombreuses autres vertus du revenu de développement et de ses trois dispositifs d'accompagnement agissant en synergie que nous reporterons plus loin ;

- enfin, de la relance globale de l'économie par la consommation et l'investissement qui devrait pour les mêmes raisons s'ensuivre, et qui, créant un cercle vertueux de croissance, ne pourrait, de manière générale, qu'avoir des effets bénéfiques sur l'accroissement du montant des impôts et taxes redevables.

Le schéma que nous présentons resterait sans doute à creuser. Or, ainsi que le souligne l'expert de renom Marc de Basquiat, surnommé le « monsieur revenu universel », dans une interview au média en ligne Express fr-Votre argent (janvier 2017) sur ce thème, " pour (en) comprendre les tenants et les aboutissants, il faut connaître précisément notre système fiscal, nos aides sociales et nos cotisations. Peu de nos concitoyens peuvent se targuer de maîtriser les trois domaines ».

Aussi, alors que, d'après un sondage Ifop relayé par le Mouvement français pour un revenu de base, paru début 2015, 60 % des Français seraient favorables à une prestation du type du revenu de développement, **il ne serait, selon nous, que hautement souhaitable que, dans le cadre d'une refonte en profondeur du régime fiscal auquel serait incorporé le revenu de développement, les pouvoirs publics procèdent sans tarder, d'une part, à une évaluation bien plus précise qu'aujourd'hui du coût du système actuel de protection sociale, et d'autre part, à une simulation chiffrée de notre approche pour s'en convaincre de sa faisabilité économique.** Il s'agit là d'une suggestion à laquelle il semblerait que pourraient se rallier bien des défenseurs du revenu de base.

C'est notamment la position des experts du Conseil national du numérique, qui, dans leur rapport, remis en janvier 2016 au gouvernement, stipulant que le revenu de base pourrait jouer un rôle crucial en France face à la rapide évolution des technologies numériques qui remplacent de plus en plus d'emplois, préconise « des expérimentations et études de faisabilité », selon un processus dont il expose concrètement le déroulement.

Il en est de même pour l'ex-député Les Républicains des Français de l'étranger Frédéric Lefebvre, ancien secrétaire d'Etat au Commerce, qui, s'étant montré en pointe sur la question du revenu de base, avait dans un amendement en sa faveur déposé en octobre 2015, estimé que « **seuls les services de Bercy peuvent produire une évaluation crédible qui nous permettra d'avoir tous les éléments en main** ».

B) Un service civique universel conciliant obligation et volontariat

Figurant dans notre modèle parmi les trois dispositifs d'accompagnement du revenu de développement, nous proposons, **en conjonction avec l'instauration du revenu de développement, lui-même incorporé à une refonte en profondeur du système fiscal,** un nouveau dispositif qui soit le plus souple possible, dont le mode d'exécution différencié offrirait aux jeunes la possibilité de choisir la formule convenant le mieux à leur situation personnelle.

Répondant aux réactions du public, après les événements tragiques qui ont ensanglanté la France en 2015 et 2016, il s'agit, dans cette nouvelle approche, de mieux intégrer les jeunes dans la communauté, de développer le sens de la discipline, de la fraternité et de la solidarité nationale, d'organiser dans les meilleures conditions le brassage de la population et la mixité sociale.

Prenant en compte les arguments pour et contre afin de sortir du dilemme obligatoire ou facultatif, sous la dénomination de «**service civique universel**», elle se présente sous deux formes.

L'une consiste en l'évolution, sous la même appellation, de la principale des deux formes de l'actuel service civique créé par la loi du 10 mars 2010 relative au service civique, **l'engagement de service civique**, en un nouveau dispositif **conciliant le dispositif facultatif existant et le caractère obligatoire pour tous les Français, garçons et filles, âgés de 16 à 25 ans révolus, et jusqu'à 30 ans pour les personnes en situation de handicap.**

Quant à la seconde forme du nouveau service civique, elle n'est autre que **le volontariat de service civique,** seconde forme du service civique actuel, également créée par la loi du 10 mars 2010, qui conservera son caractère uniquement facultatif et sera, comme aujourd'hui, **ouvert aux Français, à partir de l'âge de 26 ans** et sans limite au-delà. Alors qu'à tous les Européens communautaires ainsi qu'aux Européens non-communautaires et aux non-européens en situation de séjour régulier en France depuis au moins un an , est accessible le service civique existant sous ses deux formes, **il ne leur sera désormais ouvert que le volontariat de service civique, le**quel devra être aménagé afin de les accueillir dès l'âge de 16 ans.

Un accès plus rapide à la nationalité française pourrait être envisagé pour les étrangers qui font ainsi le service civique. Il apparaît également souhaitable que tandis que les Français percevraient le revenu de développement durant leur période d'engagement, ils soient appelés à bénéficier au cours de la même période d'une indemnité mensuelle d'égal montant.

Le nouvel engagement civique **serait articulé en deux temps : un temps d'une durée minimum obligatoire** susceptible d'être fixée à 6 mois, que chaque jeune pourrait prolonger s'il le souhaite, en le faisant suivre **d'une période volontaire** dont la durée pourrait varier de six mois à dix-huit mois, voire deux ans, en fonction de la mission choisie.

. Une caractéristique essentielle de la période obligatoire, **c'est qu'elle pourrait, par rapport à une option consistant à appeler tout le monde à un âge fixe, être effectuée à un moment librement choisi par le jeune** (entre 16 et 25 ans, avec éventuellement des possibilités exceptionnelles de dérogation) : quatre dates d'incorporation pourraient être envisagées (janvier, avril, juillet, octobre), ce choix permettant de faciliter l'organisation pratique de l'appel.

Compte tenu de la liberté laissée au jeune de choisir la période où il effectuera le service civique, il apparaît dans ces conditions utile que l'actuelle Journée Défense et Citoyenneté (JDC) soit maintenue en tant qu'étape finale du parcours de citoyenneté, **en reprenant son ancienne appellation de Journée d'appel de préparation à la défense.**

La période obligatoire serait également par ailleurs répartie en deux temps. E**lle pourrait débuter par** la **Quinzaine Défense et Citoyenneté (QDC) ; s'effectuant en internat pour notamment favoriser le brassage social et l'apprentissage de la vie de groupe,** associant à l'Agence de service civique pour sa mise en œuvre, le ministère de la Défense et le ministère de l'Education nationale**, ce serait une première période d'information et de formation** au cours de laquelle les jeunes recevraient une formation commune (civisme et valeurs citoyennes, secourisme, prévention, santé, connaissances sur la France dans l'Europe, sensibilisation sur les structures sociales, humanitaires...).

Ensuite, prendrait la suite de cette période d'instruction **une période de "service"** d'une durée de cinq mois et demi que chaque jeune pourrait prolonger s'il le souhaite, notamment en cas de poursuite d'une formation qualifiante. Il effectuerait pendant cette période la mission qui lui aura été confiée et pour laquelle il aura été dûment motivé (en tenant notamment compte des projets imaginés par le jeune s'ils correspondent, bien sûr, aux critères fixés). Il lui serait alors proposé, comme dans le dispositif actuel, une large palette de missions de service civique, y compris dans des associations volontaires agréées, remplissant une mission d'intérêt général.

A l'issue de la période obligatoire de six mois le jeune serait donc libéré de ses obligations ou ferait le choix du volontariat dont la durée pourrait varier de six à dix-huit mois ou deux ans en fonction des missions choisies dans la large palette qui lui serait ouverte dans les mêmes conditions.

D'une durée de six mois et pouvant atteindre les deux ans, le volontariat civique s'effectuera, lui, dans l'ensemble, dans des conditions assez semblables à celles qui le régissent à l'heure actuelle.

Alors que le **dilemme du caractère obligatoire ou facultatif du service civique**, après le choc des attentats tragiques des 7 et 9 janvier 2015, et encore plus depuis les plus récentes et sanglantes attaques du 13 novembre 2015 et du 14 juillet 2016, est revenu au centre des débats, nous pensons avoir suffisamment montré qu'il serait possible de s'affranchir de ce dilemme **et que le service civique universel, conciliant obligation et volontariat, que nous imaginons devrait non seulement être parfaitement faisable mais également acceptable pour tous.**

Associé à la création du revenu de développement, ce dispositif présenterait plusieurs avantages.

Tout d'abord, tandis que la plupart des spécialistes, convaincus d'une durée optimale de six mois de la période obligatoire, estiment que le coût très élevé pour la collectivité (3 à 5 milliards d'euros par an) risquerait de constituer un obstacle majeur à sa mise en œuvre, il nous apparaît qu'une solution pourrait être trouvée en instaurant le nouveau service civique pour tous, **consécutivement à la création du revenu de développement, dispositif central de notre modèle.**

En effet, dans le système que nous préconisons, où le service civique est ainsi associé au revenu de développement, les appelés du Service civique obligatoire continueraient, bien entendu, au cours de la période d'incorporation de percevoir cette allocation, qui serait, dans notre hypothèse, fixée, dans le contexte actuel, à 1080 euros par mois. **Point ne serait-il donc besoin que l'Etat ait à leur verser en supplément l'indemnité mensuelle de 573 euros** qu'ils reçoivent actuellement pour leur permettre de pourvoir aux besoins de l'existence durant la période d'engagement.

Un avantage primordial du nouveau système, c'est donc notamment bien le relais de l'indemnité mensuelle (que l'Etat n'aurait désormais plus à verser) **par le revenu de développement venant s'y substituer, qui aurait pour résultat de réduire considérablement le coût budgétaire du service civique et de le situer à un niveau auquel il serait alors possible à la puissance publique d'y faire face.**

Nous avons, en effet, estimé qu'on pourrait, dans ces conditions, **réduire le budget du service civique à un montant de l'ordre de 620 millions à 1,07milliard d'euros par an.** C'est un coût, certes, non négligeable, mais c'est également pour la France un projet majeur de société, pouvant mobiliser la quasi-totalité d'une classe d'âge (soit à peu près 600 000 jeunes), **et dont on devrait sérieusement prendre en considération les multiples effets bénéfiques qu'il induirait et que nous nous sommes attachés à dénombrer.**

A ce sujet, il est intéressant de souligner qu'alors que, créé en 1961 dans les départements d'outre-mer, avec pour mission d'aider les jeunes les plus éloignés de l'emploi, le service militaire adapté (SMA) détient à son actif des effets fort bénéfiques, le nouveau service civique universel conciliant obligation et volontariat devrait avoir un impact aussi avantageux, non seulement sur ceux qui sont en difficulté, mais sur tous les jeunes, sans exception, dans l'Hexagone, comme dans les départements d'outre-mer.

En second lieu, on ne saurait trop mettre l'accent sur le fait que les appelés du service civique préconisé bénéficieraient d'une indemnisation d'un montant beaucoup plus important que celle des engagés volontaires dans le présent dispositif, car ils continueraient **de percevoir** durant leur incorporation le **revenu de développement de 1080 euros par mois**, soit pratiquement le double de l'indemnité mensuelle de 573 euros nets au maximum d'aujourd'hui à laquelle ce revenu viendrait se substituer.

Enfin, les autres aspects bénéfiques du schéma que nous suggérons, c'est encore qu'il vise :

- d'une part à concilier le caractère obligatoire avec celui, facultatif, du dispositif existant, lequel pourrait être considéré comme une phase expérimentale plutôt réussie d'un service civique pour tous, car, **conciliant obligation et liberté**, il permet ainsi, pour reprendre une expression de l'Institut Montaigne, de « **concilier les bénéfices de l'universalité d'un service civique obligatoire et la satisfaction d'accomplir une mission que l'on a choisie** » ;

- et d'autre part, à mettre non moins la fraternité au premier plan et, pour reprendre les termes du mouvement « Fraternité générale » - que préside le philosophe Abdennour Bidar et qui, au lendemain des attentats qui ont ensanglanté la région parisienne le 13 novembre 2015, ne cesse de grandir en multipliant sur le territoire des « projets tous azimuts » (cf. le quotidien gratuit *Direct matin*, 4 novembre 2016) -, se donner aussi pour mission de « faire résonner la grande oubliée de la devise républicaine en renforçant par tous les moyens les biens humains ».

C) - Le microcrédit érigé en droit fondamental

Alors que sévit le chômage massif et que les moins formés et les moins éduqués sont confrontés à des obstacles spécifiques, il convient de leur donner la capacité de réaliser leur propre avancement économique en les équipant de moyens propres à répondre à leurs besoins. Et ce d'autant que, **pour des raisons d'équité sociale mais aussi de perte dans le potentiel de production et de consommation du pays**, il n'apparaît pas acceptable de tolérer l'exclusion de certains de la sphère marchande.

C'est ce qui va dans le sens du Conseil constitutionnel qui, dans une célèbre décision en date du 12 janvier 2002, a consacré, à côté du droit au travail, la liberté d'entreprendre comme l'un des grands principes incontournables de la République.

Et c'est précisément ce principe majeur d'une véritable liberté d'entreprendre qui ne soit pas que formelle que, dans notre ouvrage *Une stratégie globale pour une pleine occupation*, diffusé en 2002, notre coauteur Henri Plagnol et nous, nous défendons (en même temps que l'idée du revenu de développement, sous l'expression de revenu de citoyenneté), en recommandant notamment pour favoriser l'entrepreneuriat et la promotion ou la reprise de petites activités, **une absolue facilité d'accès au crédit grâce au recours à un mode de financement des petites affaires, universellement connu sous la dénomination de « microcrédit ».**

Le principe du microcrédit, **dont l'érection en droit fondamental s'inscrit dans notre modèle comme l'un des dispositifs majeurs d'accompagnement du revenu de développement**, réside donc dans une idée simple qui consiste à proposer à quelqu'un n'ayant pas accès au système bancaire et financier traditionnel une somme modeste en rapport avec ses besoins et remboursable par petites traites sur une période relativement courte. **Sa grande originalité est qu'il conjugue la mise à disposition d'un financement et un accompagnement personnalisé**.

Jugée peu rentable ou trop risquée pour lui consentir un prêt, une partie de la population française n'avait jusqu'alors pas accès au crédit et se retrouvait en situation d'exclusion. Or, pour y remédier, il se trouve que :

- d'une part, la France s'est tout d'abord révélée pionnière en Europe pour cette forme de prêt, née et diffusée à grande échelle dans les pays du Sud, pour y avoir été à l'origine de son introduction sur le Vieux Continent sous la forme d'un outil destiné à financer l'insertion professionnelle par la création de petites activités indépendantes, à destination d'un public en situation de précarité sociale et économique (microcrédit professionnel) ;
- d'autre part, elle s'est encore placée dans ce domaine à l'avant-garde dans le monde, en donnant également naissance à une nouvelle formule de prêt destiné aux particuliers qui souhaitent concrétiser, hors création d'entreprise, un projet de vie (mobilité, formation, insertion professionnelle, etc.), mais qui n'ont pas accès au crédit bancaire classique et disposant d'une capacité de remboursement (microcrédit personnel). Les personnels bénéficiaires sont, par exemple, des allocataires de minima sociaux, les demandeurs d'emploi indemnisés, les travailleurs précaires en CDD ou en intérim, aux revenus réguliers…

Cependant, il ne se pose pas moins le problème que le système demeure assez peu connu du public et serait de toute manière encore loin de couvrir les besoins de la population.

Aussi, poursuivant l'avancée acquise et persistant dans le rôle majeur et d'avant-garde qu'il a joué jusqu'ici dans la technique et le développement, tant en Europe qu'au plan national, du microcrédit, le nouveau défi auquel devrait donc, selon nous, répondre notre pays, c'est, qu' à l'instar du fondateur et « chantre » de cette forme de prêt, l'économiste Bangladais Muhammad Yunus, récompensé en 2006 du prix Nobel de la Paix, **considérer qu'elle devrait faire partie des droits de l'homme et n'être refusée à personne, et d'ériger ainsi l'accès au microcrédit en droit fondamental**.

Alors qu'**il existe en France un « droit au compte », cet engagement permettrait dorénavant de faire exister un « droit au prêt » jusqu'ici manquant.**

Il ne fait aucun doute - et nos politiques ne pourront pour la plupart qu'en être fort conscients - que, visant à inciter tant les individus jeunes que les adultes, **désormais dotés du revenu de développement**, à s'impliquer dans une occupation rentable, **son accès constituerait un dispositif fondamental aussi bien pour endiguer la pauvreté que pour la création d'activités et d'emplois. Aussi, la généralisation dans toute la France de cette formule que prône notre modèle ne serait donc que fort profitable aussi bien en métropole qu'à nos concitoyens d'outre-mer où les femmes sont particulièrement industrieuses**.

Et ce, d'autant que l'expérience montre que la population marginalisée ne représente en fait qu'une partie du public visé par le microcrédit qui devrait être, dans l'un de ses aspects, de type entrepreneurial, destiné à des entreprises de petite taille certes, mais promises à un certain développement, et, de l'autre, de type insertion sociale, considéré comme un outil au service de l'inclusion. **Ainsi serait concrétisée la notion de financement accessible à tous**.

Avec la conviction que tout homme porte en lui l'envie d'entreprendre, **le microcrédit, qui n'est pas là que pour lutter contre la pauvreté et que nous préconisons désormais en tant que droit fondamental**, porte en lui un message de confiance.

Afin de donner au maximum du poids au microcrédit érigé en tant que droit fondamental et en faire **un dispositif aussi efficace pour endiguer la pauvreté que pour la création d'activités et d'emplois,** nous proposons tout d'abord que l'Etat s'engage dans des actions qui consisteraient à s'attacher, en concertation avec les autres acteurs, à aboutir à la définition et à l'adoption d'une stratégie nationale et coordonnée du secteur, impliquant notamment **une forte implication, à côté des pouvoirs publics et des associations, des banques traditionnelles ainsi que l'intégration de la micro finance aux réglementations bancaires**

En second lieu, bien que la grande diversité des acteurs ne s'oppose pas à ce que le modèle français de microcrédit fonctionne sur leur implication convergente, on ne peut douter qu'il y aurait avantage qu'à l'exemple d'un pays comme le Maroc, soit mis en place en France un organisme fédérant l'ensemble des activités micro financières. Il est plus que probable qu'avec un tel organisme, **qui pourrait se dénommer le Conseil national pour le microcrédit**, tout le monde s'y retrouverait : les micro entrepreneurs potentiels qui auraient désormais davantage accès au crédit, la collectivité qui enregistrerait davantage d'activités et d'emplois, et les organismes bancaires qui octroieraient davantage de crédit.

Enfin, il est intéressant de noter que, parmi les multiples avantages (dont notamment la participation à la lutte contre le chômage et la pauvreté, la stimulation au goût du risque et à l'esprit d'entreprendre) que nous ne pouvons trop détailler ici, l'un des plus importants est la contribution que, **conjuguant un accompagnement personnalisé avec la mise à la disposition d'un financement**, il pourrait sans aucun doute apporter aux solutions des problèmes spécifiques de l'outre-mer où notamment sévissent un fort taux de chômage et une part importante de personnes en situation d'exclusion.

Il y aurait, en effet, de fortes chances que les ultramarins, et plus particulièrement les femmes de ces régions qui sont fort industrieuses, ne manqueraient pas de tirer le plus grand profit de la mise en place généralisée de ce mode de financement des petites affaires.

Quoi qu'il en soit, alors que la population marginalisée ne représente qu'une partie du public qu'il vise, **il ne saurait échapper qu'érigé en droit fondamental, le microcrédit s'inscrive désormais en tant qu'élément incontournable de la politique économique et sociale.**

D) - Recours accentué aux maisons familiales rurales pour améliorer le développement du monde agraire

Quatrième dispositif de notre modèle, le mouvement des maisons familiales rurales (MFR), appelé à une intensification généralisée sur l'ensemble du territoire, métropolitain et ultramarin, de la République, s'assigne pour objectifs la formation et l'éducation des jeunes et des adultes et la création d'activités et d'emplois en milieu agraire.

En ce qui concerne ses caractéristiques, il se trouve que, partant, à son origine, du constat que le système scolaire existant n'apportait pas de réponse aux besoins du monde paysan, vu que l'enseignement traditionnel ne formait pas d'agriculteurs mais pousse plutôt les jeunes ruraux soit à abandonner trop tôt leurs études, soit à partir vers la ville, ses pionniers adoptèrent, dès le départ, les trois grands principes qui définissent les maisons familiales rurales :

- un système pédagogique original fondé sur l'alternance ;
- la responsabilité des parents dans l'éducation de leur enfant ;
- le développement du milieu local.

Si, de statut associatif, chaque maison familiale, gérée par des familles et des professionnels, est autonome, l'ensemble de ces associations de base se rassemblent dans des fédérations départementales, régionales et une Union nationale, basée à Paris.

Se réclamant donc d'être à la fois un mouvement associatif ancré dans les territoires et dans le tissu social et un mouvement éducatif, les MFR se sont progressivement développées dans le monde agricole d'abord, puis dans celui de l'artisanat, du commerce et des services.

Regroupés ainsi dans un mouvement structuré qui accueille chaque année 93 000 élèves ou stagiaires en formation qui vont de la quatrième à la licence professionnelle, ces établissements socio économiques, dont la formule, inventée en France, s'est étendue sur les cinq continents, ont fait la preuve de leur efficacité, aussi bien dans notre pays qu'à l'étranger.

Et ce, d'autant qu'un Etat, comme le Brésil, qui s'est pleinement engagé dans son développement à tel point que même les maisons familiales de France s'intéressent aux expérimentations originales qu'il mène activement dans diverses et multiples régions sur son territoire, serait même parvenu à montrer qu'on pouvait créer des maisons familiales qui, outre l'agriculture, arrivent à intégrer dans leur aire d'action d'autres activités importantes, comme la pêche.

Aussi, ne peut-on que souligner, quant à cette aide à s'organiser et à progresser que s'efforce d'apporter le système des maisons familiales au monde rural, qu'il serait tout particulièrement opportun d'y recourir de façon plus accentuée en France à l'heure où règne dans notre pays un si grand désarroi dans le monde paysan.

A l'exemple donc d'un pays, comme le Brésil, les pouvoirs publics auraient sans doute tout à gagner à encourager le mouvement à s'intensifier de manière à couvrir encore plus activement qu'aujourd'hui dans leur grande diversité nos multiples régions sur l'ensemble du territoire, hexagonal et ultramarin.

En outre, alors que, d'une manière générale, le mouvement conforte le vivre ensemble, il ne fait pas le moindre doute qu'une intensification du recours aux MFR ne pourrait que davantage favoriser le développement et le vivre en milieu agraire, avec notamment pour conséquence la réduction de l'exode rural et celle, plus avancée, des inégalités régionales.

En ce qui concerne tout particulièrement les départements d'outre-mer où le mouvement est présent aux Antilles françaises, en Guyane, en Nouvelle-Calédonie, en Polynésie et à la Réunion, il est certain que le recours plus poussé aux maisons familiales rurales, en présentant le double avantage d'attaquer le chômage des jeunes et de revoir le modèle économique des régions ultramarines, devrait pouvoir inciter les économies de ces collectivités à acquérir un modèle de développement autonome, en privilégiant la production locale à l'importation systématique.

Chapitre II

Les interactions des quatre dispositifs : épaulement et complémentarité

Un point fort important qu'il convient avant tout de souligner, c'est que les dispositifs composant notre modèle ne procèdent nullement d'élucubrations hasardeuses ayant peu de rapports avec la réalité et le pragmatisme. N'ayant rien d'une construction *ex nihilo*, élaborée à partir de rien, ces dispositifs bénéficieraient de la présence de structures ou mécanismes ou déjà en place ou qui parfois les préfigurent.

Aussi, pourrait-on remarquer en préliminaire qu'aussi ambitieux que notre modèle puisse paraître, les dispositifs existants couvrent d'ores et déjà une part significative de nos propositions.

C'est ainsi que, **successivement instaurés au fil des ans** – en vue notamment de permettre aux actifs les plus modestes de ne pas voir leur revenu stagner, voire diminuer, quand ils reprennent une activité -, constituent autant d'ébauches, d'amorces au revenu de développement (notre version du revenu universel), en s'en rapprochant de plus en plus, les prestations telles que **le RMI, le RSA, la prime pour l'emploi, la prime d'activité, et nouvellement encore, de plus en plus significativement, le « revenu universel d'activité », qui « fusionnera le plus grand nombre de prestations sociales »**, dont le président de la République,

Emmanuel Macron, a lancé la mise en chantier, en présentant le 13 septembre 2018 le « plan pauvreté » du gouvernement.

De même, alors que l'actuel service civique instauré en 2010, sur la base du volontariat, et dont on ne saurait ignorer le vif succès qu'il emporte à ce jour, **devrait efficacement servir de socle au nouveau service civique universel conciliant le caractère obligatoire et le volontariat, l'accès au microcrédit en tant que droit fondamental devrait aussi reposer sur l'existence de multiples opérateurs** publics (l'Etat et ses dépendances, les collectivités territoriales, les caisses d'allocations familiales...) ou privés (l'Adie, l'ONG Positive Planet, Babyloan...) qui pratiquent le microcrédit avec généralement beaucoup de réussite, tant dans notre pays que dans diverses autres parties de la planète.

Quant aux maisons familiales rurales, **dont l'appel au recours accentué fait partie de notre modèle**, elles opèrent avec non moins de succès en France et dans le monde.

Il ne fait aucun doute que ces structures, souvent insuffisamment connues du grand public, et dont alors que, notre modèle proposant le renfort et l'extension de leurs activités et compétences par des transformations et aménagements appropriés, ne pourraient que favoriser une mise en œuvre plutôt immédiate du nouveau système

A côté du rôle fondamental que devraient jouer les structures et assises existantes ou en amorce en tant que soubassements, socles au modèle, un autre point important à souligner est que, **tout en ayant chacun leur domaine propre d'intervention, les quatre mécanismes du modèle s'épauleraient chacun mutuellement,** tant dans leurs contributions spécifiques que dans leur interaction dans le cadre des objectifs assignés à l'ensemble.

Un dernier point non moins primordial à considérer, c'est qu'alors qu'il ne serait lui-même possible que s'il était incorporé à une refonte en profondeur du système fiscal et budgétaire, **le revenu de développement, qui serait à la base de l'édifice qu'il constituerait avec eux, favoriserait, grâce à sa propre mise en place, celle de ses dispositifs d'accompagnement**.

C'est ainsi que, du fait que l'implantation du service civique universel conciliant obligation et volontariat s'effectuerait en parallèle à la création du revenu de développement, son budget se situerait à un niveau où il serait alors possible à la puissance publique d'y faire face.

Tout aussi, il apparaît que le revenu de développement, perçu mensuellement tout au long de la vie, ne pourrait que faciliter l'obtention du microcrédit érigé en droit fondamental en confortant la capacité de remboursement du bénéficiaire.

De même, le revenu de développement ne pourrait être que bénéfique à l'intensification du recours aux maisons familiales rurales, car il pourrait donner plus de chances d'un plus grand développement à cette formule, en permettant aux stagiaires de disposer, tout comme dans le cadre du service civique obligatoire, d'un revenu substantiel durant la période de formation.

A l'inverse, du fait que le revenu de développement favoriserait au départ la mise en place de ses dispositifs d'accompagnement, on peut avancer que lui-même se trouverait favorisé dans sa démarche par celle de ses trois dispositifs d'accompagnement.

C'est ainsi que **l'accomplissement du service civique pourrait amener les jeunes à prendre une pleine conscience de l'effort de solidarité nationale que**

concrétiserait l'attribution à chacun du revenu de développement et à devenir soucieux de s'investir dans une activité leur permettant de participer à la création des richesses donnant naissance au revenu de développement.

Quant au microcrédit pour tous, il est certain que le revenu de développement ne pourrait que se trouver complété et conforté dans son action : contrairement à ce que ses adversaires reprochent (à tort) au revenu garanti, sans la contrainte du travail, en conjuguant la mise à la disposition d'un financement avec un accompagnement personnalisé, il incite, lui, directement à l'activité, à la création de richesses propice au financement des différentes missions de l'Etat, donc du revenu de développement qui devra, comme on l'a vu, **être inscrit au budget en tant qu'engagement obligatoire analogue notamment aux fonctions régaliennes.**

De même, **l'intensification du recours aux maisons familiales rurales aurait de grandes chances d'inciter davantage les bénéficiaires du revenu de développement en milieu rural à améliorer leurs ressources par des activités propres** et à les faciliter dans leur entreprise d'investissement, à l'issue d'un stage dans ces établissements socio économiques.

Les exemples d'épaulement et de complémentarité entre les quatre dispositifs du modèle pourraient ainsi se multiplier. A titre d'illustration de leur coopération, on peut, sans oublier une meilleure approche collective des solutions qu'améliorant en particulier les conditions de vie et l'environnement, qu'ils seraient susceptibles d'apporter aux problèmes spécifiques de l'outre-mer, encore relever qu'ils pourraient avantageusement se retrouver dans leurs efforts combinés et multiples en réponse aux quatre défis majeurs auxquels se trouve confronté le pays, à savoir la lutte contre :

- la stagnation économique du fait notamment de la faible compétitivité de nos entreprises ;
- la persistance d'un chômage de masse et de longue durée touchant plus de cinq millions et demi de Français ;
- la violence et l'insécurité ;
- la dégradation continue des comptes publics.

Enfin, on ne saurait trop affirmer que, **s'appuyant sur un système fiscal entièrement rénové**, les quatre composantes de notre modèle, agissant en synergie, devraient permettre d'aboutir au triple objectif qu'il s'assigne :

1 – assurer à chaque personne un revenu suffisamment élevé pour lui permettre de vivre dans la dignité et de participer à la société **en lui versant en permanence dès la naissance un revenu décent** ;

2 - entretenir chez les gens le goût et le besoin du vivre ensemble, de se secourir mutuellement, renforcer et développer la cohésion nationale ;

3 – encourager et aider les individus à s'investir dans une activité utile de leur choix (et non pas seulement d'aspect monétaire), profitable à eux-mêmes comme à la communauté.

Chapitre III

Un modèle transversal relevant de la volonté politique

Certes, le modèle qu'en toute modestie nous proposons n'est pas une panacée ni une baguette magique qui permettrait à la France de résoudre miraculeusement l'ensemble des problèmes auxquels elle se trouve si malheureusement confrontée. En revanche, avec ses quatre dispositifs **touchant à tous les domaines de la politique, de l'économique, du social, voire du culturel,** il **nous paraît que l'on ne saurait nier son caractère transversal,à l'instar de l'écologie et du numérique.**

Aussi, nous semble-il qu'il mériterait, à ce titre, d'être placé tout au cœur de l'action publique. Et ce, d'autant que, comme nous pensons l'avoir suffisamment montré, on ne tarderait sans doute pas à s'apercevoir, à l'épreuve, que si le revenu de développement - comme d'ailleurs l'ensemble du modèle - ne constitue pas en lui-même une solution à tous les problèmes, il rendrait possible nombre de solutions apparaissant difficilement ou peu réalisables à l'origine.

C'est ainsi qu'en particulier, l'instauration du revenu de développement, outre qu'à la fois elle devrait de façon indissociable aller de pair avec la réforme en profondeur du système fiscal, qui apparaît si difficile à réaliser pour les pouvoirs publics, et favoriser la mise en place de ses trois dispositifs d'accompagnement, **elle pourrait notamment jouer un rôle crucial à la réussite de bien d'autres politiques, comme, par exemple, en matière de soutien du pouvoir d'achat,** alors que la puissance publique ne cesse de multiplier, avec des portées apparemment insuffisantes, les initiatives pour le maintenir à un niveau satisfaisant.

Aussi, il apparaît que la prise en compte (**malgré et en raison même de la crise**) par les pouvoirs publics de notre modèle **ne poserait pas de problème technique ou financier. Une telle** prise en compte **ne devrait donc pouvoir relever qu'essentiellement de la volonté politique.**

D'autant qu'il est même probable que pour les raisons que nous avons abondamment détaillées, nos préconisations, avec les nombreux avantages qu'elles impliquent, pourraient à la longue rapporter plus qu'elles ne coûteraient sur le plan budgétaire, et apporteraient ainsi une contribution fort importante à l'effort de résorption de la dette publique qui préoccupent tant les milieux économiques et politiques.

Chapitre IV

Un système de solidarité aux nombreuses vertus et au bénéfice de tous

Au cours de nos analyses, nous avons répertorié quelque 25 avantages à l'actif du revenu de développement, une vingtaine à celui du microcrédit érigé en droit fondamental au bénéfice de tous, une dizaine pour le service civique universel conciliant obligation et volontariat et environ autant pour les maisons familiales rurales dont l'expansion fortement accentuée fait partie de notre modèle.

Ainsi, notre projet serait, à divers titres, bénéfique non seulement à l'Etat auquel **il pourrait sans doute à la longue rapporter plus qu'il ne lui en coûte, mais aussi :**

-- aux collectivités territoriales - et en particulier les départements, dont, selon une étude de la DREES (Direction des études, de l'évaluation et des statistiques), fin 2013, les dépenses nettes d'aides sociales s'élèvent à 33,9 milliards d'euros, et dont la part, en forte augmentation ces dernières années des dépenses en RSA (Revenu de solidarité active) leur incombant, avait placé dans de grandes difficultés financières -, qui n'auraient plus, comme dans l'actuel système de protection sociale, à participer au financement du nouveau dispositif que constitue le revenu de développement ;

-- à nos compatriotes de l'outre-mer, cet « empire oublié », grâce auquel la France ne se réduit pas à la seule métropole, et qui pourrait lui permettre de peser à l'avenir : en permanence confrontés à des problèmes spécifiques, nos concitoyens ultramarins, éloignés de la métropole et souvent les plus démunis, ne pourraient que tirer le plus grand avantage de la mise en place non seulement du revenu de développement mais des trois autres dispositifs du modèle. C'est ainsi, en particulier, que, tandis que lors de l'abolition en 1848 de l'esclavage, les personnes libérées, absolument dépourvues de ressources, n'ont reçu aucune indemnité d'installation, alors que leurs anciens maîtres étaient généreusement dédommagés de la perte de leur main-d'œuvre servile, la dévolution du revenu de développement pourrait, en quelque sorte, être accueillie par nos concitoyens ultramarins comme une juste réparation et compensation d'un passé aussi regrettable que douloureux ;

-- aux **entreprises,** qui gagneraient en compétitivité, et à leurs salariés dont la rémunération se trouverait accrue, du fait que le financement des prestations qui procèdent de la justice ou de la solidarité, tels le revenu de développement, le remboursement des frais de santé et les allocations au logement, désormais assuré par la fiscalité, ne serait plus assis sur les masses salariales. La France devenant ainsi très concurrentielle en termes d'imposition des entreprises, ces dernières auront notamment tout intérêt à ne pas délocaliser, d'autant plus qu'elles pourront trouver sur place du personnel à la fois qualifié et désormais plus motivé ;

-- **aux travailleurs dans leur ensemble** du fait de l'accroissement du pouvoir de négociation des salariés et de l'amélioration des conditions de travail dans l'entreprise : ayant désormais plus de latitude vis-à-vis de leurs employeurs, les travailleurs pourraient se sentir, par exemple, libres de se mettre à temps partiel ou de refuser certaines contraintes ;

-- aux **classes populaires,** grâce à l'éviction de la misère à l'échelle nationale par la garantie à chaque citoyen d'un revenu minimum décent, et grâce, conjointement à l'éradication de la pauvreté (du moins monétaire) à la simplification et au renforcement du modèle social **;**

-- aux femmes, dont le revenu de développement, dispensé à titre individuel et non en fonction des ressources du ménage, contribuerait à leur indépendance financière ;

-- **aux jeunes**, angoissés par la précarité, qui verraient leur situation s'améliorer par le bénéfice du revenu de développement, distribué dès la naissance à chaque jeune, et à son niveau le plus élevé dès l'âge de seize ans à chaque citoyen ; en outre, ils pourraient disposer pour financer leurs projets à la majorité, de la part capitalisée et rentabilisée de leurs ressources fixée par le législateur que les parents ne pourraient utiliser pour les dépenses familiales ;

-- **aux seniors**, qui ont souvent bien du mal à vivre avec des pensions de retraite d'un montant souvent très faible ;

-- **à ceux dont le revenu est fréquemment soumis aux aléas** ou qui vivent sous la menace constante de diminutions ou de pertes subites de leur revenu, **comme dans la pêche et surtout les professions agricoles où, selon la MSA (Mutuelle sociale agricole), la moitié des agriculteurs ont touché en 2016 un revenu inférieur à 350 euros par mois** ;

-- **à ceux qui sont sujets dans leur occupation à des alternatives permanentes d'activité ou d'inactivité,** tels les travailleurs saisonniers ou les intermittents du spectacle ;

-- aux détenus : alors que de nombreux documents font état de la forte corrélation qui existe entre la violence et la misère, et qu'il apparaît que la conjugaison d'un recours immédiat à la répression avec le droit à un revenu de base garanti à tous ne pourrait jouer qu'un rôle déterminant dans la prévention de la violence et de l'insécurité, avec l'instauration du revenu de développement, ils ne se retrouveraient pas, après avoir purgé leur peine, dépourvus de ressources à leur sortie de prison, **ce qui aurait sans doute pour conséquence d'éviter des récidives ;**

-- **aux classes moyennes,** qui, alors que constamment se creusent les inégalités et que ces classes éprouvent un peu partout dans le monde occidental les plus grandes difficultés à joindre les deux bouts, ne cessent de se plaindre de leur situation financière : chaque Français pouvant désormais intégralement cumuler le revenu de développement, versé à tous les citoyens, avec tout autre type de revenus, ce seraient donc elles qui, d'une manière générale, tireraient sans doute le plus grand profit du revenu de développement pour le soutien de leur pouvoir d'achat et l'amélioration de leur niveau de vie ;

-- **à l'ensemble des classes moyennes et populaires**, qui représente quelque 99% de la population, par notamment l'élévation du niveau de vie, la diminution ou la suppression du chômage et la mobilisation des individus dans des activités épanouissantes et lucratives de leur choix ;

-- enfin, **aux couches les plus fortunées de la société,** dont l'octroi en leur faveur du revenu de développement se justifierait par ce que, d'une part, il répondrait (comme actuellement les allocations familiales qu'il serait appelé à remplacer) au principe de l'égalité et de l'universalité, et que d'autre part, du fait qu'en raison notamment de la progressivité de l'impôt sur le revenu des personnes physiques, les riches auraient à financer, outre leur propre allocation, une part importante de l'allocation des plus pauvres : mais tout en participant de façon plus équitable à l'effort de financement de chacun, elles ne pourraient, elles aussi, que tirer avantage du nouveau système, car il se trouve, que d'un côté, les acquisitions supplémentaires de biens qui résulteraient de l'accroissement du pouvoir d'achat de l'ensemble des autres catégories sociales ne pourraient que profiter aux producteurs, lesquels appartiennent pour une bonne part aux classes favorisées, et que, de l'autre, grâce au rôle majeur que jouerait la mise en place de ce modèle dans la prévention de l'insécurité, elles auraient, elles aussi, comme tout le monde, riches ou pauvres, tout à gagner en vivant dans une société plus en paix, moins exposée à l'incivisme et à la violence.

Ainsi, indépendant de la situation économique ou sociale et bénéfique à toute la société, notre modèle, avec sa principale composante incorporée à une refonte en profondeur du système fiscal, le revenu de développement, intervenant en synergie avec ses trois autres dispositifs, constituerait « un filet de sécurité pour tous » et réconcilierait les jeunes et les seniors, la France d'en bas et la France d'en haut, tout comme, pourrait-on dire, la France du SMIC et celle du CAC 40.

Chapitre V

Appel à un « consensus républicain » et à la mise en place d'un grand débat national

Une autre vertu majeure de notre modèle, **c'est le choc de confiance qu'il susciterait** à l'heure où l'inquiétude revient sans cesse aux difficultés du quotidien et où les politiques pâtissent d'un déficit de confiance sur les grands enjeux.

A ce sujet, un point important qu'on ne saurait, à notre sens, passer sous silence, c'est l'intérêt qu'auraient tous ceux, de toute sensibilité, acteurs et responsables économiques, sociaux ou culturels, élus ou décideurs politiques, à apporter leur franche adhésion aux propositions, transcendant les clivages politiques, à l'écart de toute idéologie ou position préconçue, que **nous leur soumettons, tout aussi bien qu'aux pouvoirs publics, pour combattre la crise.**

Face à l'ampleur des défis urgents qui se posent à la France, les politiques **ne trouveraient sans nul doute qu'avantage en les associant, voire en les incorporant à leurs programmes ou orientations propres,** car ils marqueraient ainsi leur volonté de sortir des sentiers battus pour imprimer sans plus tarder à la politique économique et sociale un nouvel élan axé sur le concret de la vie des Français et l'amélioration de leur quotidien, et **regagneraient, ce faisant, crédit et confiance auprès du public et des électeurs**.

Par ailleurs, comme le souligne l'économiste Jean-Eric Hyafil, membre du Mouvement français pour un revenu de base, il ne saurait échapper que parallèlement à l'institution du revenu de base qu'« un certain nombre de services publics doivent (…) continuer à se déployer : l'offre de transports collectifs et leur accessibilité (éventuellement en assurant la gratuité des transports en commun en ville, comme à Châteauroux ou à Aubagne), l'offre de logement social dans les zones denses, le nombre de places en crèche, l'éducation gratuite à la culture, etc. »

En tout cas, il est bien entendu que le revenu de développement, même appuyé et renforcé par ses trois dispositifs d'accompagnement, ne saurait régler à lui seul, dans son extrême complexité, l'ensemble des problèmes de société, mais pourrait, en revanche, comme on l'a vu plus haut (cf. chapitre III), apporter une aide, un concours qui pourrait être déterminant aux différentes autres politiques.

Aussi, ne pourrait-on, dans cette perspective, envisager de parvenir, au-delà des controverses, à ce que certains appellent **« un consensus républicain »** autour de notre modèle, **opérant sur la base d'un redéploiement en profondeur et en toute équité** de **la fiscalité,** et dont les quatre dispositifs, dépassant les clivages partisans, ne sont ni de gauche ni de droite ?

Alors que les évolutions sont toujours lentes dans les profondeurs de l'opinion, il n'apparaîtrait sans doute que pleinement souhaitable que la puissance publique envisage de mettre en place, comme ce fut pour la transition énergétique, **un grand débat, « ouvert et citoyen », sur notre projet « Pour une vie meilleure au XXIe siècle », conjuguant une refonte en profondeur du système fiscal et budgétaire et les quatre dispositifs qu'elle conditionne : le revenu de développement, un service civique**

conciliant l'obligation et le volontariat pour les jeunes citoyens, le microcrédit érigé en droit fondamental et le recours intensifié aux Maisons familiales rurales.

Dans cette optique, chaque région pourrait notamment être invitée à engager le débat sur son territoire, à favoriser l'implication du plus grand nombre, sous forme pédagogique et participative. Pour ce faire, il pourrait être élaboré un document détaillant et expliquant chacune des questions du débat national.

Ce dernier pourrait, à son issue, **déboucher sur une loi mettant sur pied le projet,** dont les principaux avantages, dans l'immédiat, seraient notamment de permettre aux pouvoirs publics de combiner à la bataille pour l'emploi et la refonte du financement de notre protection sociale **la réduction des déficits publics et le retour à la croissance plus que jamais au cœur de l'actualité politique.**

Quoi qu'il en soit, alors que l'objectif affiché des politiques pour répondre aux attentats qui ont ensanglanté le pays est que s'ajoutent aux mesures de sécurité immédiate des réformes en profondeur qui touchent l'éducation, les quartiers, la citoyenneté, la lutte contre les inégalités, il ne saurait échapper que notre modèle, avec ses quatre dispositifs, devrait manifestement faire partie de cette deuxième catégorie. Dans un monde où le travail salarié est mis à mal par le chômage massif et la précarité, il faudrait, en effet, davantage répondre aux orientations qui, de plus en plus, se dessinent vers l'augmentation du travail indépendant et la multiplication des employeurs.

La puissance publique ne saurait donc que gagner à s'engager sans tarder sur cette voie, afin de mieux sécuriser la vie des individus, d'impliquer et de responsabiliser tous les citoyens, de mobiliser les

collectivités, de développer des activités innovantes et créer des emplois.

Chapitre VI

Propositions d'organigramme du modèle

Il ne saurait échapper que dans la configuration de la mise en place de notre modèle, il devrait intervenir des changements ou renouvellements dans la nature et le fonctionnement des institutions, et en particulier, dans le régime de protection sociale.

. C'est ainsi qu'il nous est apparu qu'afin notamment d'accroître les effets de synergie des quatre dispositifs du nouveau système, il serait nécessaire d'assurer la coordination de leurs actions,en mettant en place **un organisme fédérateur, réunissant l'Etat et les acteurs et responsables de ces instances, et qui pourrait s'appeler Conseil supérieur du progrès et du développement.**

Quant à la coordination des activités au sein de chacune des structures d'accompagnement du revenu de développement (dont la distribution et la gestion incomberaient au Trésor public ou plutôt, à notre avis, à la Sécurité sociale), nous avons suggéré qu'elle le serait :

- pour le service civique universel conciliant obligation et volontariat et les autres formes d'engagement citoyen (dont la réserve civique) par **le Haut Commissariat à l'engagement civique,** assisté par **l'Agence <u>nationale</u> du service civique**, nouvelle appellation que nous proposons de l'Agence du service civique, qui devrait, comme actuellement, demeurer responsable du pilotage et de la gouvernance du nouveau service civique ;

- en ce qui concerne le microcrédit, érigé en droit fondamental, par le **Conseil national pour le microcrédit,** dont nous préconisons la mise en place afin de fédérer l'ensemble des activités micro financières ;
- pour ce qui est des Maisons familiales rurales, dont l'essor serait intensifié, par **l'Union nationale des Maisons familiales rurales,** qui continuerait à coordonner et orienter les activités du mouvement.

Le mécanisme à mettre en place pourrait être synthétisé par l'organigramme ci-après :

Conseil supérieur du progrès et du développement

Ministères de l'Economie et des Finances	Haut commissariat de l'Engagement et Agence nationale du service civique	Conseil national du microcrédit	Union nationale des maisons familiales rurales
Trésor public ou Sécurité sociale	Organismes de service civique et d'engagement	Institutions du microcrédit	Maisons familiales rurales

Chapitre VII

La France, pionnière d'une société nouvelle en marche ?

Alors qu'il postule non seulement « un travail libre, épanouissant pour les individus », mais, au-delà, l'avènement d'une société nouvelle, le modèle que nous préconisons ne pourrait qu'aider les pouvoirs publics à « ré-enchanter le rêve français ».

Une stratégie en trois temps

Quelle stratégie pour mettre en place un tel modèle ? Faudrait-il, en particulier, procéder par étapes, faire une expérimentation à plus ou moins grande échelle ou passer directement à son instauration, après en avoir débattu de son montant, de son coût budgétaire, des prestations et politiques qu'il pourrait éventuellement remplacer, ainsi que d'une refonte en profondeur du système fiscal et budgétaire visant à couvrir les dépenses liées aux missions fondamentales de l'Etat **dans lesquelles serait inclus** le **revenu de développement en tant que nouvel engagement désormais obligatoire** ?

Concernant l'introduction des revenus du type « revenu de développement », on a vu qu'ils ont déjà été testés ou sont en cours d'expérimentation dans divers pays d'Amérique, d'Afrique, d'Asie ou d'Europe et qu'en France même, le Conseil général de la Gironde envisage la mise en place d'une expérimentation à l'échelle d'une collectivité locale.

Or, on peut tout d'abord, comme le souligne avec grande justesse Jean-François Pécresse, un éditorialiste des *Echos* (« Ne pas confisquer le revenu universel », 20 octobre 2016), observer **qu'« universel par nature, [le revenu universel] ne peut, par principe, pas faire l'objet d'une expérimentation auprès d'un échantillon de population. C'est tout ou rien »**. Sa remarque s'impose d'autant plus qu'il ne serait encore guère plus concevable de tenter des expériences pilotes pour un ensemble aussi complexe que notre modèle, d'autant que son financement s'inscrit au préalable dans une refonte en profondeur, au niveau national, du système fiscal et budgétaire, incorporant le revenu de développement.

Par ailleurs, s'appuyant sur un renforcement des structures ou mécanismes déjà présents - Agence du service civique, opérateurs multiples du microcrédit, mouvement des maisons familiales rurales -, le modèle que nous préconisons pourrait, selon nous, être sans tarder mis en place sans passer par un stade d'expérimentation.

Ayant, en l'état, largement fait la preuve de leur efficacité, les institutions concernées pourraient, en effet, **être considérées comme autant de phases expérimentales plutôt réussies aux nouveaux dispositifs** et ainsi servir d'approches et de socles à une rapide mise en oeuvre du modèle qui, de son côté, viendrait raffermir et développer davantage leur rôle et leurs activités.

Il pourrait, en conséquence, être envisagé, sur la base de nos analyses, conclusions et préconisations, une stratégie qui se déroulerait comme suit :

1 – Dans un premier temps, après avoir procédé aux diverses simulations sur la base des principes que nous recommandons, la puissance publique organisera un grand débat sur l'opportunité de mettre en place un revenu de développement incorporé à une refonte fiscale en profondeur permettant son financement.

2 – En second lieu, le débat se poursuivra sur les caractéristiques d'un ensemble associant au revenu de développement un système de service civique conciliant l'obligation et le volontariat, un mécanisme de microcrédit érigé en droit fondamental et le recours intensifié à la formule des Maisons familiales sur l'ensemble du territoire.

3 – En troisième lieu, il sera, à la fin des débats, élaboré une législation mettant en place l'ensemble du système qui serait adopté. Certains, craignant qu'au fil du temps un gouvernement décide de supprimer le revenu de développement, nous pensons que le nouveau système étant bénéfique à tous, il est peu probable que dans le futur un gouvernement quelconque prenne le risque de le remettre en cause. En tout cas, rien ne s'oppose à ce qu'il ne soit approuvé par référendum.

Si l'essayiste Eric Veraeghe note, non sans ironie, dans son glob internet *Revenu universel : le dessous des cartes* (2 février 2016), que « le revenu universel demeure une sorte de mystère, coincé entre l'utopie et l'encouragement à la paresse", nous pensons, à travers nos analyses, avoir suffisamment montré que le revenu de développement, loin d'être un « mystère », constitue, contrairement à « l'idéologie du plein emploi salarial » que dénoncent certains, ce que d'autres appellent une

« utopie réaliste » qui **refait, comme on l'a déjà souligné, plus que jamais débat un peu partout dans le monde et passionne de plus en plus l'Europe.**

C'est ainsi que, si les Suisses ont récemment par référendum largement rejeté une initiative populaire en faveur de l'instauration d'« un revenu de base inconditionnel », ce vote n'a pas moins constitué une étape importante aux yeux de ses défenseurs, alors qu'en Inde, au Brésil, au Canada, aux Etats-Unis, aux Pays-Bas ou en Finlande, des initiatives ont été ou vont être prises.

A ce sujet, il semble toutefois que l'on ait beaucoup exagéré la portée des expérimentations du revenu de base en Finlande. A l'analyse, on peut en effet s'apercevoir que l'objectif poursuivi par le gouvernement finlandais est simplement de garantir aux seuls chômeurs qui retrouveront un emploi le maintien de leur allocation d'insertion (560 euros non soumis à l'impôt), afin que le travail paie davantage que l'assistance. Il s'agit donc en l'occurrence, non d'une véritable version du revenu universel, dont le postulat est que tout membre d'une même collectivité y est éligible qu'il travaille ou non, qu'il jouisse ou non d'un revenu, salarial ou non.

En revanche, il nous apparaît fort intéressant de consacrer une analyse soignée à une initiative **qui éveille l'attention du monde entier** et qui se déroule dans la Silicon Valley, en Californie, aux Etats-Unis, où ils sont nombreux à croire que l'automatisation et l'intelligence artificielle vont détruire un nombre considérable d'emplois et où depuis plusieurs années l'idée d'un revenu minimum universel est particulièrement populaire.

Les entrepreneurs les plus actifs ne sont pas tous insensibles aux conséquences sociales de la révolution technologique et l'idée pour compenser la disparition de millions d'emplois remplacés par machines et logiciels y fait en effet son chemin, et un vrai revenu de base semble de plus en plus séduire, à tel point qu'il est maintenant considéré comme un capital-risque à même de favoriser l'audace des entrepreneurs.

C'est qu'au nom de la lutte contre la misère, ou parce qu'elles croient que la technologie va créer des millions de chômeurs, de richissimes personnalités, tels Marc Zuckerberg (Facebook), Elon Musk (Tesla), Richard Branson (Virgin), plaident de plus en plus pour le revenu d'existence.

Mais alors que jusqu'ici cet engouement affiché de la Silicon Valley demeurait relativement théorique, l'une des entreprises de lancement de start-up les plus connues, Y Combinator, **a annoncé, en septembre 2017, qu'elle s'apprêtait à démarrer une expérience à grande échelle.**

Mais, déjà, le célèbre incubateur de start-up en plein cœur de la Silicone Valley, dont le jeune président, Sam Altman, estime que « dans cinquante ans, il paraîtra ridicule que nous ayons utilisé la peur de ne pas avoir à manger pour motiver les gens », menait depuis un an un projet où il était versé un revenu de base à 300 citoyens américains sur une durée qui devrait être de cinq ans, pour expérimenter une solution à l'érosion des emplois générée par l'automatisation croissante des tâches.

Jugeant que l'échantillon de cette première expérience y était trop réduit pour donner suffisamment d'information sur le revenu universel, mais que le but était d'établir des procédures correctes pour une expérimentation à grande échelle, Y Combinator a présenté son nouveau projet où, dans l'optique des leçons à tirer du projet préalable, la pépinière entend recruter 3 000 sujets par tirage au sort dans deux états américains, qui recevront un revenu supplémentaire. 1 000 d'entre eux percevront pendant cinq ans 1 000 dollars par mois et 2 000 autres 50 dollars par mois.

Le premier groupe sera celui des cobayes, le second constituera un groupe témoin, les auteurs du projet estimant qu' « en comparant un groupe de gens qui reçoivent un revenu de base avec un autre groupe identique de gens qui ne le reçoivent pas, (ils peuvent) isoler et quantifier les effets d'un revenu de base ».

Il est à noter que pour mener son expérimentation à grande échelle, Y Combinator a conclu des partenariats avec plusieurs personnalités et organismes, dont l'université de Stanford, à travers son centre de recherche sur la pauvreté et les inégalités.

Alors que nombre d'esprits avisés et de décideurs s'interrogent sur ce qu'il conviendrait de faire pour sortir de l'impuissance du politique, la France, qui s'est distinguée en tant que pionnière du microcrédit en Europe et inventrice de la formule des Maisons familiales rurales, ne devrait pas non plus manquer de jouer encore ici sa mission universelle d'avant-garde. A**utant donc, dans ces conditions, pour elle, de ne pas se laisser distancer comme ce fut parfois le cas pour d'autres initiatives sur le plan économique et social. Il serait, en effet, que tout particulièrement remarquable pour un grand pays comme le nôtre de faire vivre cette idée qu'incarne ce que nous appelons le revenu de développement** (à entendre, **de la personne humaine), renforcé et complété par ces trois dispositifs d'accompagnement,** par la mise en place de notre modèle, qui, outre l'éradication de la pauvreté, assurerait plus de compétitivité et d'efficacité économique.

De fait, passant ainsi d'une logique de protection sociale et d'assistanat à une logique de dynamique économique et de création de richesses et d'emplois, telle est donc la nature profonde du revenu de développement - lequel, rappelons-le, est incorporé à une refonte entière du système fiscal et budgétaire -, tout comme d'ailleurs de l'ensemble de notre modèle, dont il constitue la cheville ouvrière, l'unité centrale autour de laquelle gravitent les trois autres composantes, tel un astre et ses satellites dans un ciel radieux.

Chapitre VIII

Une « idée positive du XXIe siècle »

Un tel exemple, dont on ne saurait trop mettre l'accent sur le caractère universel, serait probablement vite suivi. De sorte que, en convaincant les autres pays que le modèle proposé serait bénéfique pour eux s'ils le pratiquaient, on puisse parvenir à ce que, tant au niveau de l'équité que de la solidarité, ce type d'intervention s'instaure non seulement sur le Vieux Continent, **mais sur toute la planète, tout comme le furent en leur temps l'abolition de l'esclavage ou la conquête de la démocratie.** Car l'instauration du revenu de développement et de ses dispositifs d'accompagnement, non seulement permettrait, entre autres, de réduire la pauvreté et la dégradation du pouvoir d'achat des classes moyennes et des couches populaires, mais aussi de limiter les flux migratoires et constituer ainsi une solution à l'immigration en général, et l'immigration clandestine en particulier.

En tout cas, face à l'actuelle « crise migratoire », la plus grave, depuis la Seconde guerre mondiale, on peut sans nul doute y voir l'un des rares modèles du XXIe siècle qui serait apte à favoriser la conjugaison d'une assistance immédiate aux réfugiés et déplacés avec une aide au développement à long terme qui devient indispensable.

Quoi qu'il en soit, on ne saurait que souscrire à la position de nombre de ceux qui, défendant le concept de revenu de développement sous d'autres qualificatifs et, considérant qu'en donnant, avec de l'argent, « une base matérielle à la conduite autonome de chaque vie d'homme », et en favorisant « les mécanismes de solidarité », l'envisagent, traversant « les frontières idéologiques », « **comme la première idée positive [et la révolution] du XXIe siècle ».**

Le mieux-être pour tous ceux qui se sentent gilet jaune

ANNEXES

ANNEXE 1 - En inventaire récapitulatif

A) Les 16 objectifs pour une vie meilleure au XXIe siècle

1 – Remettre l'humain au cœur de l'économie et de la politique ;

2 – Imprimer à la politique un nouvel élan axé sur le concret de la vie des Français et l'amélioration de leur quotidien ;

3 – Instaurer le droit au revenu indépendant de l'emploi ;

4 - Prendre en compte l'ensemble des activités de toutes sortes qui constituent la réelle richesse de la société, y incluent celles dont l'unique utilité est sociale ;

5 – Eradiquer la pauvreté et l'exclusion à l'échelle nationale ;

6 – Eliminer le chômage de masse ;

7 – Concrétiser la liberté d'entreprendre en instaurant un droit obligatoire d'assistance financière et technique à la création ou à la reprise de petits projets ;

8 - Soutenir le pouvoir d'achat de la population dans son ensemble ;

9 - Encourager et fortifier le développement durable en milieu rural ;

10 – Améliorer la situation des jeunes ;

11 – Développer la fraternité et le sens de la solidarité nationale ;

12 – Favoriser l'indépendance économique des femmes ;

13 – Accroître le pouvoir de négociation des travailleurs dans l'Entreprise ;

14 – Prévenir la violence et l'insécurité ;

15 – Résorber la dette publique et lutter contre la crise ;

16 – Apporter des solutions pragmatiques aux problèmes spécifiques de l'Outre-mer.

B) Le **revenu de développement et ses quatre mesures d'accompagnement**

1 – Instaurer à la place des multiples et diverses allocations de l'état-providence, qui seront pour la plupart supprimées, un revenu de développement légèrement supérieur au seuil de pauvreté (60% du revenu médian) qui le porterait à 65% du revenu médian, soit, dans le contexte actuel, 1080 euros par mois pour chaque Français de 16 ans au décès et de 540 euros de la naissance à 16 ans ;

2 – Mettre en place un service civique universel conciliant obligation et volontariat ;

3 – Eriger en tant que droit fondamental l'accès au microcrédit pour le financement des petites affaires et encourager l'envie d'entreprendre ;

4 – Intensifier, pour la formation et l'éducation des adultes et des jeunes et la création d'activités et d'emplois en milieu agraire, le recours au mouvement des Maisons familiales rurales sur toute l'étendue du territoire, hexagonal et ultramarin.

ANNEXE 2 - Lettre ouverte pour mieux maîtriser la crise et promouvoir une vie meilleure : instauration du revenu de développement de la naissance à la mort

Au Président de la République
Au Premier ministre et aux ministres
Aux présidents et membres
de l'Assemblée nationale et du Sénat,
Aux présidents et membres
du Conseil économique, social
et environnemental
Aux responsables et élus
des collectivités territoriales
Aux dirigeants et militants des forces politiques
Aux organisations patronales et syndicales
A tous mouvements associatifs
A tous médias audiovisuels et presse
A chaque Française et Français

Dans la situation difficile et le climat économique et politique anxiogène que connaît la France, le moment semble venu de chercher à sortir des sentiers battus pour imprimer sans tarder à la politique économique et sociale un nouvel élan axé sur le concret de la vie des Français et l'amélioration de leur quotidien et de changer en conséquence de stratégie.

Aussi, croyons-nous, en toute modestie, devoir soumettre à l'attention des pouvoirs publics et des Français, un modèle socio-économique que nous pensons novateur et générateur de bien-être pour tous.

Transcendant les clivages politiques, à l'écart de toute idéologie ou position préconçue, de **caractère transversal comme l'écologie, il** s'inscrit dans la logique du préambule de la Constitution de 1958, reprenant celui de la Constitution de 1946, qui proclame que « **la Nation assure à l'individu et à la famille les conditions nécessaires à leur développement** », de même que **la protection de la santé,** le repos et les loisirs, **la sécurité matérielle,** et ainsi que **« le droit d'obtenir de la collectivité des moyens convenables d'existence ».**

Vu l'urgence, nous exposons les grandes lignes **sur notre site Internet** www.le **revenudedeveloppement.com.** sous le titre *Appel pour un revenu de développement indépendant du travail en faveur de chaque Français, de la naissance à la mort.*

C'est donc à ce site que nous prions les destinataires de la présente de bien vouloir se reporter pour approfondir leur connaissance de notre travail, fruit de longues années de recherches et d'expérimentation sur le terrain, et que nous ne pouvons que fort brièvement présenter ici.

S'appuyant sur des structures et institutions déjà présentes, notre modèle comporte quatre dispositifs qui consistent à :

-**Instaurer,** en remplacement des revenus minima et autres transferts sociaux auxquels il se substituerait, **un revenu de développement** (sous-entendu **de la personne humaine), incorporé à une refonte en profondeur du système fiscal et budgétaire et déconnecté du travail salarié classique,** en faveur de tout Français, **afin de l'aider à se développer dans la dignité et s'épanouir tout au long de la vie, de la naissance à la mort. Attribué par l'état**, sur une base individuelle et de façon inconditionnelle, et calculé sur les ressources du pays - et évoluant avec elles – en fonction des critères et données de l'Union européenne et de l'Insee, il serait légèrement supérieur au seuil de pauvreté (qui se situe à 60% du revenu médian national) et s'élèverait à **65% du revenu médian**, soit, dans le contexte actuel, **à 1080 euros par mois pour chaque Français âgé de 16 ans jusqu'au**

décès, et à la moitié, soit 540 euros, aux plus jeunes de la naissance à 16 ans ;

-**Transformer l'actuel service civique facultatif en service civique universel conciliant obligation et volontariat pour tous les Français, garçons et filles, âgés de 16 à 25 ans**. Il serait aussi ouvert à nos concitoyens à tous les âges de la vie à partir de 26 ans, afin de mieux intégrer les jeunes dans la communauté, développer le sens de la discipline, de la fraternité et de la solidarité nationale, organiser le brassage de la population et la mixité sociale que la conscription partageait naguère avec l'enseignement ;

- **Eriger en tant que droit fondamental cette forme d'accès facilité au crédit, universellement connue sous la dénomination de « microcrédit »**, et que, depuis la fin des années 1980, pratiquent en France, pays pionnier du mécanisme en Europe, de multiples organismes, pour en particulier lutter contre le chômage et la pauvreté, stimuler le goût du risque et favoriser l'esprit d'entreprendre ;

- **Favoriser le développement des zones rurales en intensifiant** sur toute l'étendue du territoire républicain, hexagonal et ultramarin, **le recours à la formule, inventée en France et qui se répand un peu partout à travers le monde, des Maisons familiales rurales,** pour la formation et l'éducation des adultes et des jeunes et la création d'activités et d'emplois en milieu agraire ;

La philosophie profonde dont s'inspire notre modèle, c'est **qu'au lieu de contraindre les individus, à rechercher souvent vainement un emploi rémunéré dont la raréfaction est inexorable** du fait de l'automatisation de la production, la dématérialisation croissante des économies développées et la mondialisation, il serait **plus réaliste et**

pragmatique en même temps qu'éminemment plus humain de les inciter, tout en leur procurant des moyens convenables et permanents d'existence, détachés du travail, **à s'engager dans une contribution productive non subie mais pour laquelle ils auront opté** ;

En **rupture avec l'assistanat et, à la racine, avec les inégalités,** et remettant l'humain au cœur de l'économie et de la politique, le modèle que nous proposons aurait notamment comme autres vertus d'aider à mettre fin au chômage massif, à la paupérisation croissante des catégories populaires, à l'érosion continue du pouvoir d'achat des classes moyennes, de soutenir la consommation et la croissance.

Favorisant **le redressement des comptes publics, la compétitivité des entreprises, l'augmentation des rémunérations des salariés,** l'accroissement du pouvoir de négociation des travailleurs, le perfectionnement des conditions du travail dans l'entreprise, l'amélioration de la situation des jeunes, l'indépendance économique des femmes, il constituerait encore un instrument important pour **la prévention de la violence et de l'insécurité** et apporterait des solutions plus pragmatiques aux problèmes spécifiques de l'Outre-mer, cet « empire oublié », grâce auquel la France ne se réduit pas à la seule métropole, et qui pourrait lui permettre de peser à l'avenir ...

Aussi, les groupements économiques, sociaux ou politiques ne pourraient que trouver avantage à associer, voire incorporer notre modèle à leurs programmes ou orientations propres, **et ainsi, pour les politiques, regagner crédit et confiance auprès du public et des électeurs.** On ne tarderait pas sans doute à s'apercevoir, à l'épreuve, que si le revenu de développement - ainsi que d'ailleurs l'ensemble du modèle - ne constitue pas en lui-même une solution à tous les problèmes, il rendrait possible nombre de solutions apparaissant difficilement ou peu réalisables à l'origine.

S'inspirant des principes de justice et de solidarité que nous développons sur le site internet, le redéploiement d'ordre fiscal et budgétaire qu'inclut notre modèle **pourrait sans doute rapporter plus qu'il ne coûte à l'état** ; il aurait, par ailleurs, les plus grandes chances de réussite **grâce au motif de compensation des efforts demandés que constituerait le revenu de développement qui lui serait incorporé,** cette allocation, entièrement cumulable avec tout autre revenu (salarié ou non), étant exempte d'impositions.

De fait, **alors que tout le monde, l'état, les collectivités territoriales et les Français appartenant à toutes les catégories sociales en seraient bénéficiaires,** la prise en compte (**malgré et en raison même de la crise**) de notre modèle par les pouvoirs publics, **ne poserait pas de problème technique ou financier mais relèverait essentiellement de la volonté politique d'apporter à la fois à tous subsistance, sécurité et liberté.** A cet égard, il ne serait que hautement souhaitable que la puissance publique **procède à une simulation chiffrée du revenu de développement pour s'en convaincre de sa faisabilité économique.**

On ne peut manquer de noter qu'alors que le revenu de développement procède d'une idée qui mûrit depuis la Renaissance (et qui a fait l'objet d'une **expérience pionnière couronnée de succès,** conduite dans l'état nord-américain d'Alaska qui, loin de tout débat, a discrètement et presque fortuitement mis en place en 1981 **un « *basic income* », véritable système de revenu apparenté au revenu de développement)**, à l'heure actuelle, **cette idée refait débat un peu partout dans le monde, passionne de plus en plus l'Europe.**

C'est ainsi que les Suisses en particulier seront bientôt appelés à se prononcer par référendum sur une initiative populaire en faveur de l'instauration d'un revenu de base inconditionnel qui s'élèverait pour tous les Suisses adultes à environ 2000 euros par mois*.

Aussi, il n'en serait que tout particulièrement remarquable pour notre pays de faire vivre cette idée par une initiative institutionnelle qui, situant la France à l'avant-garde du combat contre la misère et l'injustice sur la planète, en ferait les prémices d'une nouvelle culture, une nouvelle civilisation digne du XXIe siècle dans lequel notre pays pourrait exemplairement faire entrer l'humanité.

Raoul Danaho
de l'Académie des Sciences d'Outre-mer
Président de l'Association pour le revenu
de développement et une vie meilleure
Ancien expert conseil des Nations unies
et du Bureau International du Travail
Docteur d'Etat en Sciences économiques
Diplômé d'études supérieures de Droit public
Ancien élève de Sciences Po
et de l'Ecole nationale de la France d'Outre-mer
Licencié ès-lettres en Sorbonne

*Si les Suisses ont par référendum largement rejeté, en juin 2016, cette initiative qui avait été fortement controversée, son lancement n'en a pas moins, à cause du large écho donné à l'idée du revenu de base, été considéré par ses défenseurs comme « déjà une réussite en soi », « une étape de parcours pour préparer la Suisse » à son adoption « dans vingt ans (…), peut-être même plus tôt ». En tout cas, aux yeux de certains spécialistes, la Suisse a bien joué en l'occurrence un rôle de thermomètre dans une Europe où les citoyens ne disposent pas toujours de tels moyens d'expression démocratique.

POSTFACE

Appel aux hommes et femmes de bonne volonté

Alors que nos concitoyens ont de plus en plus le sentiment aigu que les pouvoirs publics s'essoufflent dans leurs entreprises de lutte contre la situation difficile que connaît la France, comme d'ailleurs le reste du continent européen, il demeure certain qu'en se substituant au système actuel de protection sociale et de mise en œuvre classique de la politique de l'emploi dont l'insuffisance chronique n'est plus à démontrer, **le modèle que nous appellerions volontiers le « modèle Danaho » rendrait plus aisée la tâche des pouvoirs publics et renforcerait l'efficacité des politiques visant en particulier la réindustrialisation devenue nécessaire du pays, un accès toujours plus aisé et plus large aux biens et services essentiels, tels que le logement et les transports publics, ainsi que la poursuite continue d'une démarche énergique pour créer activités et emplois et développer la formation.**

En raison donc de son caractère transversal, comme l'écologie ou le numérique, il nous semble que le « modèle Danaho », transcendant les clivages politiques, à l'écart de toute idéologie ou position préconçue, **devrait être placé au cœur de l'action publique.** Car, ce dont il s'agit, n'est guère moins qu'un combat déterminé contre les fléaux dont notre monde ne cesse d'être victime et dont l'aboutissement serait qu'en donnant plus de pouvoir d'achat, plus d'emplois et plus de sécurité aux Français par le biais de ce modèle, notre pays promouvrait avantageusement son image et effectuerait une avancée majeure dans son influence sur la planète.

A ce titre, il est donc vivement souhaitable qu'il soit tout aussi bien soutenu par la société civile et le grand public que par les groupements ou individualités économiques, sociaux, culturels ou politiques, qui ne pourraient, à notre sens, que trouver avantage à associer, voire incorporer, le « modèle Danaho » à leurs programmes ou orientations propres, et se donner ainsi une meilleure chance de parvenir à leur accomplissement.

En tout cas, il serait infiniment désirable que tous ceux auxquels n'aura pas échappé l'urgence d'inciter les Pouvoirs publics à le prendre sans tarder en compte, se mobilisent afin d'apporter leur concours à sa réussite pour le bien de tous. En particulier, serait précieuse **à l'Association créée en soutien - sous l'appellation d'*Association pour le revenu de développement* et une vie meilleure (R.V.D.) -, toute aide ou contribution financière, aussi modique soit-elle, ainsi que l'assistance d'un spécialiste en numérique et la mise à sa disposition d'un secrétariat et d'un local à usage de bureau susceptible, le cas échéant, de lui servir de siège à Paris.**

Tout individu ou organisme intéressé pourrait, par toute voie à leur convenance, soit lui faire part de leur expérience ou de leur manière de voir concernant la recherche des moyens pour obtenir la mise en oeuvre des mesures proposées, soit prendre des initiatives directes pour promouvoir le projet, telles que **l'utilisation d'Internet et de ses réseaux sociaux** et la création, en particulier, de sites de soutien, ou encore le lancement de diverses actions, comme, par exemple, des pétitions en ligne, des placards publicitaires. De même, chacun pourrait aussi aider l'Association à organiser, sur le thème et sa problématique, des débats publics, conférences, forums ou colloques en divers lieux du territoire, hexagonal ou ultramarin.

Plaidant en conséquence pour une large mobilisation populaire afin d'obtenir des politiques et mesures véritablement au service des citoyens et n'appartenant pour sa part à aucun parti politique, l'association RVD se tient à l'entière disposition de tous ceux qui, d'une façon ou d'une autre, seraient désireux de participer à sa démarche.

En ces temps si incertains, alors qu'il apparaît que la croissance sur laquelle se cramponnent la plupart de nos politiques, n'apportera toutefois par elle-même aucune solution à l'exclusion sociale, il est heureux que Raoul Danaho mette ses compétences et sa vision de l'avenir au service de notre pays. Nous souhaitons avec force que son modèle, si attractif, défendant une vision du futur en même temps que le quotidien de la vie de tous les jours, retienne l'attention de ceux qui nous gouvernent.

Edmond Jouve

Table des matières

DU MEME AUTEUR

ESSAI

Une stratégie globale pour une pleine occupation. Prolégomènes à une économie citoyenne (en collaboration avec Henri Plagnol, Paris, New Legend, 2002)

ROMAN

Chaque heure blesse… Paris, Promotion et Edition, 1968

POESIE

(Paris, chez les Editions Saint-Germain-des-Prés)

Soudain l'aurore (1968)
Le temps d'un amour (1983)
Chansons pour l'Inconnue (1986)
Spasmes (1987)
La garrigue du temps (1989)
Album du pays des mille collines (en coédition avec l'Agence de Coopération culturelle et technique, 1991)
Chantereine (1995)

(Paris, chez d'autres éditeurs)

L'Autre côté du rêve (collection « Flammes vives », 1988)
Errances et souvenances (D'ici et d'Ailleurs, 2000)
Adagio pour Elle (Libraire-Galerie Racine, en coédition avec le Conseil régional de Guyane, 2002)
L'ogive de l'infini (D'ici et d'Ailleurs, 2006)

ETUDES ET ARTICLES SUR L'EMPLOI

Une politique active de l'emploi : l'exemple de la Suède, mai 1968, thèse de doctorat d'Etat en sciences économiques

« Les licenciements collectifs en Suède », *Revue française des Affaires sociales*, janvier 1967

La politique de l'emploi en tant que partie intégrante de la politique économique – Eléments pour une théorie d'ensemble de la politique de l'emploi, Droit social, juin 1969

Stratégie économique et politique de l'emploi dans uns économie de croissance : Le système suédois, La Documentation française, Notes et études documentaires, 2 juin 1969

« La politique de l'emploi en tant qu'élément d'une stratégie économique globale », *Revue d'économie politique*, novembre-décembre 1969

La conception moderne de l'administration de l'emploi, Droit social, avril 1969

« Politique de l'emploi et conciliation des objectifs de la politique économique », *Revue du travail*, Bruxelles, mars 1970

Politica dell' occupatione e politica generale , Mercurio, SIntesi del pensiero economico e sociale contemporaneo, Roma, lugulio, 1970

« Politique de l'emploi et lutte contre l'inflation », *Revue française des Affaires sociales*, octobre-décembre 1971

Le budget en tant qu'instrument de la politique de l'emploi, Droit social, avril 1973

« Le problème et la politique de l'emploi dans une économie avancée », *Revue française des Affaires sociales*, octobre-décembre 1975

« Un instrument efficace de régulation de l'emploi : la politique des emplois compensatoires », *Revue française des Affaires sociales*, janvier- mars 1976